A BÍBLIA DA CONSULTORA DE IMAGEM

OS BASTIDORES REVELADOS DE UM SEGMENTO CAPAZ DE
TRANSFORMAR POSITIVAMENTE A VIDA E A CARREIRA

Jhanne Pires

Literare Books
INTERNATIONAL
BRASIL · EUROPA · USA · JAPÃO

Copyright© 2024 by Literare Books International
Todos os direitos desta edição são reservados à Literare Books International.

Presidente:
Mauricio Sita

Vice-presidente:
Alessandra Ksenhuck

Chief Product Officer:
Julyana Rosa

Diretora de projetos:
Gleide Santos

Capa e projeto gráfico:
Gabriel Uchima

Diagramação:
Alex Alves

Revisão:
Ivani Rezende

Revisão textual-artística:
Edilson Menezes

Chief Sales Officer:
Claudia Pires

Impressão:
Vox Gráfica

Dados Internacionais de Catalogação na Publicação (CIP)
(eDOC BRASIL, Belo Horizonte/MG)

P667b Pires, Jhanne.
A bíblia da consultora de imagem / Jhanne Pires. – São Paulo, SP: Literare Books International, 2024.
144 p. : foto. Color. ; 14 x 21 cm

ISBN 978-65-5922-692-4

1. Moda – Estilo. 2. Vestuário. 3. Consultores de imagem – Manuais, guias etc. I. Título.

CDD 746.92

Elaborado por Maurício Amormino Júnior – CRB6/2422

Literare Books International.
Alameda dos Guatás, 102 – Saúde– São Paulo, SP.
CEP 04053-040
Fone: +55 (0**11) 2659-0968
site: www.literarebooks.com.br
e-mail: literare@literarebooks.com.br

Sumário

Apresentação 5
A relação entre o Velho e o Novo Testamento 11

CAPÍTULO 1, Vs 1-5
- A gênese que motivou a virada do século XXI 13

CAPÍTULO 2, Vs 1-6
- O aprofundamento de uma questão importante 23

CAPÍTULO 3, Vs 1-6
- A duração da felicidade 29

CAPÍTULO 4, Vs 1 a 7
- O que separa o antigo do novo no universo da consultoria de imagem 37

CAPÍTULO 5, Vs 1 a 9
- Congruência 45

CAPÍTULO 6, Vs 1 a 4
- Transformando questionar em crer 51

CAPÍTULO 7, Vs 1 a 4
- ■ O não-padrão pode mudar a história do mundo 55

CAPÍTULO 8, Vs 1 a 5
- ■ O fim do medo de aplicar a análise de cores e a identificação do estilo 61

CAPÍTULO 9, Vs 1 a 6
- ■ O papel do visagismo 87

CAPÍTULO 10, Vs 1 a 11
- ■ F4C - Freedom for Colors 95

CAPÍTULO 11, Vs 1 a 3
- ■ Inovação e transformação 107

CAPÍTULO 12, Vs 1 a 4
- ■ O tempo de Deus e o seu tempo 113

CAPÍTULO 13, Vs 1 a 6
- ■ A relação da consultora com as outras profissionais 117

CAPÍTULO 14, Vs 1 a 6
- ■ Como atrair e reter clientes para a sua consultoria de imagem 125

Apresentação

A inspiração para o trabalho que está diante de seus olhos surgiu da fé em Deus, das incontáveis lições da palavra extraídas das escrituras sagradas, que preencheram a minha vida e direcionaram o sucesso da minha carreira. E pode ficar tranquila, pois você tem em mãos uma obra que não vai falar de religião, nem vai fugir ao propósito de esclarecer, inspirar e gerar transformação aos que estão envolvidos com o universo da consultoria de imagem, seja para aprendê-la, praticá-la ou recebê-la.

Embora o título e as analogias mencionem o livro mais antigo e poderoso do mundo, o conteúdo visa ser inovador e foi preparado com muita modéstia.

Ocorre que sou cristã e quis fazer uma homenagem para validar a fé que tenho e sinto. Foi essa fé que me trouxe até este próspero momento, já que a palavra mudou minha vida e a vida de várias pessoas que caminham comigo. Se hoje consegui tornar-me autoridade no mercado mundial da consultoria de imagem, além do esforço, dos estudos e da dedicação, devo tais conquistas também à fé que sempre me guiou.

Dentre as pessoas transformadas por nossa metodologia e nossa consultoria de imagem, estão as consultoras que confiaram e permitiram que eu fosse a sua mentora, além de clientes que tiveram a satisfação de renovar a autoestima com o nosso programa e, especialmente, minha filha que cresce testemunhando os bons resultados que a força da fé e do trabalho árduo trazem para a vida de uma mulher decidida a fazer o bem enquanto executa o trabalho que ama.

Esclareço assim de imediato para que não restem dúvidas, pois eu mesma me sentiria traída se adquirisse o exemplar de um livro que sugerisse pela capa ser referência máxima sobre o tema e, na prática, não fosse mais que uma junção de frases catalogadas motivacionais ou religiosas.

Assim dito, vamos ao resultado do trabalho a que me dediquei. Desejo sinceramente que seja o seu manual, a sua leitura de cabeceira, a sua referência para alavancar objetivos e se for o seu desejo até tornar-se autoridade no promissor ramo da consultoria de imagem, que a cada dia ganha mais força e respeito da sociedade por conta do impacto positivo gerado a quem decide contratar consultoras sérias, que de fato se preocupam com o bem-estar e a felicidade da cliente, que sabem como é gratificante ver o sorriso no semblante de alguém que viu a vida se transformando com um mergulho no autoconhecimento, base de uma consultoria de imagem completa e bem-sucedida.

Pensada de maneira abrangente e concluída para ser útil a qualquer pessoa que se interesse por autoconhecimento e pelo zelo com a imagem que transmite de si para o mundo, a obra foi preparada tanto para você que já é consultora formada, quanto para você que tem estudado com o objetivo de ser uma futura consultora de imagem. E, claro, até mesmo você que pensa em contratar uma consultora agora saberá o que deve ser trabalhado durante essa parceria porque vou abrir os bastidores do nosso setor, capítulo a capítulo, versículo a versículo, desvendando o que é agregador e o que pode ou deve melhorar.

A motivação para preparar esse trabalho detalhado sobre o segmento da consultoria deu-se quando percebi que até as consultoras mais graduadas terminavam a faculdade com o conteúdo técnico "debaixo do braço" e sob o ponto de vista prático, não sabiam o que fazer assim que se despediam dos colegas, enfrentando demandas que a melhor faculdade não poderia ensinar: onde encontrar clientes, como conquistá-los e retê-los, como preparar uma consultoria comprometida, completa e agregadora, como entender os mecanismos da concorrência, como preparar conteúdo, como entender as demandas da cliente e até mesmo os detalhes de uma consultoria digital, que facilitou bastante a vida de consultora e cliente durante os tempos de pandemia.

Finalizando a apresentação, entendo que a poderosa palavra de Deus toca o coração e opera verdadeiras transformações em nossa vida. Assim, oro a Deus que (independentemente da sua fé ou mesmo que não tenha nenhuma): ilumine o nosso caminho, o meu como autora e o seu como leitor (a). Temos bastante trabalho pela frente e vou trabalhar para que seja como as coisas trinas e divinas: semeadura, cultivo e colheita.

E só arrematando a questão acadêmica, uma questão de congruência para que não restem dúvidas: ninguém me contou que existe esse problema do pós-faculdade sem saber o que fazer com a carreira e com o aprendizado recém-internalizado. Isso aconteceu comigo!

Senti na própria pele como é ruim terminar a faculdade de moda, sair de lá dotada de um conteúdo capaz de ajudar as pessoas, porém chegar ao mercado sem direcionamento, sem saber ao certo a dinâmica do mundo dos negócios e as complexidades do comportamento humano, dois critérios fundamentais.

Como seria bom se eu tivesse alguém que na ocasião apresentasse uma bíblia do nosso segmento...

Isso não aconteceu, mas nunca reclamei. Pelo contrário, somente gratidão e fé me possibilitam olhar tudo o que enfrentei com amor, pois, no fundo, o aprendizado bruto e prático também tem o seu lado positivo, como se desenvolvêssemos uma casca grossa para suportar os variados enfrentamentos do caminho.

Que seja assim contigo, que você engrosse sua resiliência e a sua casca, mas agora com uma diferença, você tem a bíblia da consultora de imagem, que não substitui de forma alguma a verdadeira Bíblia do ser humano, a palavra de Deus. Precisei "me virar nos trinta" e dei o meu jeito de encontrar abundância. Espero que, por sua vez, a obra em suas mãos seja o livramento das dúvidas, o testemunho de que, sim, é possível e factível prosperar no mundo da consultoria de imagem, recebendo orientações e rotas que você certamente será capaz de adotar e traçar.

Por último, nos lembremos que a única palavra a estar no coração é a que vem de Deus, registrada e eternizada nas escrituras sagradas. Pensando em nosso segmento, podemos nos inspirar nos mandamentos Dele e, assim, entenderemos o caminho, as escolhas e os valores que podem nortear a carreira:

Os dez mandamentos da consultora de imagem de sucesso

1. Valorizarás a essência e a necessidade mais do que as técnicas do processo;
2. Cumprirás o propósito de transformar vidas;
3. Oferecerás o essencial para gerar transformação (pacotes não transformam vidas);
4. Terás 1 dia de estudos por semana (tendências, acontecimentos no mundo, e comportamento);
5. Fará metas, planejamento e ação de acordo com as 7 ferramentas necessárias;
6. Mostrarás a comunicação adequada para que a sua cliente decida o que fazer com a informação;
7. Se alegrarás com o sucesso das colegas de profissão;
8. Orarás por vossas clientes;
9. Terás o nicho definido;
10. Em tudo será grata.

Desejo um bom mergulho na obra!

A relação entre o Velho e o Novo Testamento

Vamos começar fazendo aquilo que existe de melhor para exercitar a fé, fortalecer a missão de vida e dar prazer ao dia a dia da carreira: orando.

Com todo o respeito pela mais famosa oração do mundo, tomo a liberdade de fazer uma adaptação para a realidade que nós, consultoras de imagem, vivemos. Oração da consultora de imagem

Pai nosso que estais no céu, santificado seja o vosso nome dentro de nossa profissão. Venha a nós o teu reino e seja manifestada a vossa vontade em nossas vidas, assim na terra como nos céus.

Dai-nos hoje a cliente de cada dia, para que possamos cumprir o propósito de gerar autoconfiança e escolhas assertivas.

Perdoai os nossos pecados e não deixe que venhamos a ofender nossas parceiras de trabalho, clientes ou quem quer que esteja a nossa volta.

Não nos deixe cair na tentação de aplicar consultoria somente em benefício próprio, livrai-nos de todo o mal e levantais um Exército de consultoras de imagem que aplicam o propósito único de transformar vidas, segunda a tua vontade. Amém!

Fechando a nossa íntima oração, ofereço minha declaração, baseada na fé em Deus que tenho e que guia os meus caminhos profissionais:

Eu declaro que a consultora de imagem que representar essa profissão com o propósito de transformar a vida de outras pessoas terá também sua vida totalmente transformada, em nome de Jesus!

Afinal, lembremos do trecho das escrituras sagradas a respeito da abundância de água e alimento que frutificariam mesmo em terrenos inférteis e desérticos, que pode ser conferido em Isaías 41:20 – [...para que todos vejam, e saibam, e considerem, e juntamente entendam que a mão do Senhor fez isto, e o Santo de Israel o criou].

O Senhor, que proveu no deserto, certamente proverá diante de seus esforços em prol do nosso setor que já é fértil e para continuar assim, necessita de consultoras que mantenham a qualidade da semeadura em busca da plantação e colheita próspera.

CAPÍTULO I, VS 1-5

A gênese que motivou a virada do século XXI

A Bíblia Sagrada é o livro mais lido do mundo e eu sou uma dessas leitoras que a tem sempre por perto. É nela que se pode encontrar inspiração, apoio, orientação, elucidação, sustentáculo, correção de rota, diligência, benevolência e tantas outras lições. Vamos abordar passagens por conta das analogias e dos ensinamentos que podemos comparar ou inserir nos tempos de hoje, na vida cotidiana que sofre tanta pressão e precisa de uma palavra, uma luz para cada recomeço que marca uma provação vencida ou desafio superado.

A partir de Gênesis 27:1, toda a saga dos gêmeos Esaú e Jacó é citada e todos nós sabemos que embora idênticos de aparência, os gêmeos não se mostravam nada parecidos quanto a comportamento, valores e visão de mundo.

É sobre elas, **as diferenças** que marcam a vida humana desde os tempos mais remotos, que vamos estudar aquilo que podemos carinhosamente chamar de *"a gênese"* da consultoria de imagem. Isto é, o que veio antes, a base que levou a imagem do ser humano ao lugar de destaque no século XXI, como uma espécie de legado adaptado do velho testamento, da gênese que um dia foi adotada, útil e agregadora, mas de forma natural e harmônica precisou ceder espaço para o "novo testamento", as novas ideias, técnicas e procedimentos que transformaram o universo da consultoria de imagem.

Desde já quero fazer um acordo com você que tem a obra diante dos olhos. Até o fim do texto será necessário utilizar muitas vezes a expressão "consultoria de imagem" e para não deixar o texto repetitivo, vou citá-la em algumas ocasiões como C.I., uma abreviada estratégia para não trazer cansaço a sua leitura e a sua experiência com a bíblia da C.I. (viu como fica mais prático)?

Voltando ao que argumentava, transformações e adaptações foram feitas, compreensões se expandiram e principalmente, muita evolução se conquistou no universo da C.I.

O antigo testamento da consultoria de imagem marcava a história de quem desejava fazer o melhor uso possível da própria imagem no plano pessoal ou profissional e assim, foi marcado por conveniências de uso, restringindo a C.I. para artistas e pessoas famosas. Prova disso é que durante um bom tempo que durou até meados dos anos 1990, somente pessoas ligadas ao meio artístico contratavam consultorias de imagem e não o faziam porque desejavam apresentar ao mundo a imagem que mais traduzisse quem de fato eram. Pelo contrário, às vezes esses mais famosos procuravam adaptar a imagem ao que exigia a sociedade e os costumes da época, fato que nos dá uma boa pista a respeito de tantos artistas tristes, deprimidos e até suicidas que o mundo testemunhou na época áurea do antigo testamento, particularmente entre as décadas de 1950 e 1990.

Eram tantas mudanças acontecendo com o progresso ao redor do mundo, que havia pouco espaço para o "eu", para "a pessoa". O mundo via "o todo" e cada qual que se adaptasse para viver numa sociedade que independentemente de suas riquezas ou sistema cultural, procurava fazer as pessoas "se encaixarem" nele. Ou seja, a C.I. ainda não estava amadurecida o suficiente para priorizar o autoconhecimento, os desejos e valores da cliente.

Não apenas os artistas procuravam consultoria de imagem no passado que marcou o antigo testamento. Era um comportamento que também se observava dentre os membros da fina flor da sociedade, que procuravam mostrar ao mundo filhos prósperos e pródigos (como tantos personagens da Bíblia tentaram).

Dentre os artistas e as famílias economicamente mais privilegiadas, a consultoria de imagem do velho testamento foi, portanto, marcada por encaixes, pois tentava-se moldar a pessoa ao mundo, em detrimento de quem a pessoa poderia ou desejaria ser para esse mundo.

Assim mencionando pode até parecer pouco, mas para que se tenha uma aproximada dimensão, entrego uma reflexão transformada na primeira de muitas que serão adaptadas a nossa bíblia (isso mesmo, a bíblia não é minha e sim nossa).

Em vez de separar as reflexões por evangelhos, nossa prioridade será sempre o presente, aquilo que podemos fazer **hoje** em benefício do futuro. Assim, onde você ler **Cihpuma**, considere o seguinte significado:

> *"Consultoria de imagem hoje para um melhor amanhã."*
>
> "É abismal a diferença entre mostrar quem você é de verdade ou adaptar-se a quem desejam que você seja."
>
> – Cihpuma, 1,1

Tenho certeza que você entendeu, então vamos continuar. O antigo testamento mencionava que o tom de cor preto não é para todo mundo.

Veio a evolução e o mundo da consultoria de imagem descobriu que sim, havia um pequeno fundo de verdade na afirmação do velho testamento porque o preto de fato chama mais atenção a quem tem o contraste baixo e intensidade mais suave. No entanto, veremos como contornar os "não pode's", pois uma das regras que fazem oposição ao antigo testamento é bem clara.

> "Ninguém tem o direito de afirmar que você pode ou não pode ser deste ou daquele jeito, que você deve ou não usar isso ou aquilo." – Cihpuma 1,2

Por um bom tempo, a expressão "não pode" serviu como uma espécie de regra do passado ditada por consultoras de imagem do antigo testamento e devo dizer que elas não agiam assim por maldade ou inaptidão, mas sim motivadas pela tentativa de gerar maior comprometimento da parte de suas clientes, um costume insuficiente que o futuro e novo testamento mudaria com uma lição inquestionável.

> "Apresentar a sua imagem ao mundo não depende somente de fatores simples como a disciplina. Requer mui-

to mais e compreende aquilo que você determina por seus inegociáveis valores, escolhas, desejos e responsabilidades." – Cihpuma 1,3

Assim dito, vamos avançar e seguir investigando como era e como se tornou o universo da consultoria de imagem. Vá aquecendo sua compreensão por aí, pois estamos apenas começando.

Posso validar algo que considero o mais importante a respeito da relação entre a nossa imagem e a fé. Talvez, embora não seja uma regra, quem sabe passe a ser o mais relevante para você também:

A maior prova da importância de zelar pela imagem que projetamos e apresentamos ao mundo é bíblica e o estilo predominante de uma pessoa é divino, já que Deus nos fez conforme a sua imagem, o que nos torna um pedacinho, um mínimo fragmento da porção divina. Só depois de entender e internalizar (colocar a informação no coração), pode-se falar a respeito dos demais estilos. Podemos contemplar essa mensagem com clareza em Gn 1:27, onde está eternizado que "...[Deus criou o homem à sua imagem, criou-o à imagem de Deus, o homem e a mulher]".

A maneira como pensamos define o estilo que adotamos. Levando-se em conta que cada pessoa pensa diferente, o "jeito de ser" se reflete em todas as escolhas, desde as mais simples como o corte de cabelos, as roupas, os acessórios e as cores que harmonizam sua imagem, até as escolhas de maior impacto na vida que envolvem, por exemplo; carreira, filhos, grandes mudanças e relacionamentos em geral.

Quanto aos demais estilos que possuímos, são desenvolvidos através das experiências e circunstâncias ao longo da vida, influenciados pelo meio e pelas pessoas com quem convivemos em diversificadas áreas, que acabam marcando o nosso jeito de pensar, agir e decidir.

De maneira natural, cabe validar que tudo isso tem influência direta nas decisões que adotamos para nos vestir.

Então, valorizando e mostrando quem somos, vamos entender o ontem e o hoje, o antigo e o novo testamento. Se antes havia sete estilos universais, hoje avaliamos mínimo dez tipos de personalidades e sabe qual é a parte mais interessante disso? Cada estilo representa uma forma de ser.

E de onde vêm esses sete estilos universais? Considero importante explicá-los, já que a origem data de nosso objeto de estudo na obra, o velho testamento. Na década de 1980, as norte-americanas Alyce Parsons e Mimi Dorsey criaram o Sistema PASS Proportion Analysis / Style Selection, conceito que o mundo conheceria por estilo universal, formado por: esportivo, tradicional, refinado, romântico, criativo, sexy e dramático. Inclusive, para você que deseja estudar um pouco mais sobre o nosso setor, na obra assinada por ambas e intitulada *"Style Source, the power of the seven universal styles for woman and men"*, as consultoras detalham suas pesquisas e apontamentos. Embora o novo testamento tenha transformado muito do que elas afirmam na obra, claro que toda fonte primária de pesquisa é bem-vinda para a consultora de imagem que se dedica a estudar.

Nesse trabalho original da época do velho testamento, as autoras indicavam que a pessoa precisava priorizar um estilo e diziam ainda que seria possível "totalizar-se" em no máximo três estilos. No novo testamento, não limitamos nem formamos padrões e regras quando o assunto é o ser humano que carrega sua singularidade. A depender do que a cliente viveu e de quão flexível seja para aceitar transformações, ela talvez carregue até quatro estilos.

Estamos falando da quebra real de um padrão do velho para o novo testamento porque a limitação a no máximo três estilos não era uma simples opinião e sim uma **regra**.

Em Romanos 12:2, a mensagem não deixa dúvidas. "[... não vos conformeis com os padrões desse mundo, mas, transformai-vos pela renovação da vossa mente]"

Chegando ao novo testamento, conseguimos olhar para a cliente de uma forma mais plural, avaliando tudo o que é importante para ela e não para a consultoria de imagem. Traduzindo, significa outra quebra, outra transformação do velho para o novo:

> "A consultoria de imagem é uma ferramenta da cliente para se conhecer e conquistar seus objetivos. A consultora de imagem não pode inverter e tratar a cliente como uma ferramenta da consultoria, ditando o que ela deve usar, quantos estilos deve ter e impondo outras regras." – Cihpuma 1,4

Detalhando ainda mais esse que é o aprendizado central da consultora de imagem, apresento outro versículo.

> "O objetivo da consultora de imagem é despertar e gerar autoconhecimento e a cliente é quem deve decidir a respeito do que pode ou não pode, deve ou não deve." – Cihpuma 1,5

Finalizando, proponho uma reflexão: o universo da moda e a expressão corporal sempre caminharam próximas e em muitos casos, de mãos dadas, a exemplo do que fez o estilista francês Jean Paul Gaultier, que teve dentre os seus memoráveis desfiles algumas coleções inspiradas nas danças, a exemplo do cancan e de outros ritmos que ele foi ousando ao longo da carreira.

Por sua vez, o artista plástico Wassily W. Kandinsky reconstruiu as artes visuais ao trazer cor para a música. Enquanto essas personalidades foram reconstruindo o que conhecemos, eu também tenho procurado oferecer uma humilde contribuição inovadora, trazendo a arte de dançar para a representação dos estilos, uma estratégia lúdica que venho adotando nas aulas com excelentes resultados, pois as músicas representam os estilos e o ato de vestir-se também gera movimento, permite explorar a expressão corporal, transformando em arte aquilo que antigamente as alunas só viam como uma simples troca de roupa.

Afinal de contas, vestir-se e movimentar-se são dois elementos da arte. Ao identificar que cada forma de dançar pode representar um estilo e vice-versa, entendi que a minha nova missão é espalhar ao mundo, levar essa boa nova que identifiquei o mais longe possível, para que outros formadores de opinião e outras consultoras de imagem possam refletir e praticar, ampliando seus sentidos.

CAPÍTULO 2, VS 1-6

O aprofundamento de uma questão importante

*P*ara efeito de futuro, preciso deixar evidente que durante a passagem do século XX para o XXI, não faltou quem pensasse que consultoria de imagem era tema banal ou matéria destinada exclusivamente ao mundo da moda.

Como ainda estamos investigando a etapa do velho testamento em nossa bíblia, é justo dizer que o termo "estilo" foi confundido nesse período, interpretado como se fizesse menção à pessoa que "tinha estilo", que era "estilosa", algo que não serviria para todos. Por consequência natural, evitava-se o tema consultoria de imagem.

> "A linha que separa a futilidade da autoestima não é nada tênue, portanto, existe um abismo entre ser fútil e vestir-se conforme os estilos que fortalecem a confiança, o desejo de vencer, a alegria de viver." – Cihpuma 2,1

É compreensível que existisse um certo receio ou até alguma taxa de intolerância para a consultoria de imagem nessa fase do antigo testamento, pois a investigação era rasa. Na ocasião, as profissionais se valiam de um simples questionário para identificar o estilo predominante da cliente sem maior aprofundamento, expediente que hoje realizamos em até cinco etapas, inclusive avaliando o passado e o presente da cliente em busca de crenças ou experiências traumáticas que possam impedir seus avanços.

Uma investigação mais profunda facilita saber se a pessoa, como costumo dizer em minha primeira obra, **veste-se de si**, ou seja, de acordo com o que **ela acredita** que traduza a imagem que deseja transmitir em seus variados papéis, ou se a cliente tem apenas **se adaptado** a vestir conforme "padrões" que presencia em seu trabalho, dentre as amizades e nos ambientes sociais diversos que frequenta.

Esta é a realidade do século XXI e, por isso, perceba que não se trata de invalidar as consultorias de imagem das décadas anteriores, mas sim de jogar luz a um obscuro território que por muito tempo cercou a vida do cliente, forçando-o a vestir-se de acordo com regras.

A análise de coloração, estratégia crucial para identificar as cores de peças, cabelos e acessórios que mais harmonizam com a cor da pessoa, é outro exemplo clássico que separa antigo e novo testamento. Antigamente, quatro estações eram levadas em conta para esse expediente tão importante e no século XXI, logo após doze cartelas de cores são consideradas e já existem métodos que contemplam 21 estações.

O resultado das rasas constatações a que chegavam as consultorias de imagem do passado não era dos melhores. Cedo ou tarde (normalmente bem cedo), uma consultoria de imagem baseada em informações que não se sustentam por muito tempo ou amparada por técnicas que não respeitam a individualidade só tem um caminho: gerar algum formato de desrespeito com o cliente.

> "O imediatismo de resolver com a máxima rapidez uma questão de estilo que poderia e deveria ser resolvida sem pressa ou ansiedade compromete o resultado da cliente e, consequentemente, a carreira da consultora."
> – Cihpuma 2,2

Ocorre que todo trabalho de investigação que não se aprofunda só tem um caminho, gerar desapontamento.

Numa analogia, vejamos o caso do líder religioso responsável por manter o seu rebanho unido e próspero. Se esse líder destacar todo o seu esforço para identificar apenas quem visivelmente precisa de ajuda, estará de olhos e ouvidos fechados para quem **ainda** não sabe que precisa de ajuda.

Traduzindo a comparação com o nosso ramo, fica mais fácil compreender.

> "Nem sempre um coração dolorido demonstra sua fragilidade, mas cabe à consultora de imagem o feeling de perceber e ajudar a resolver esse incômodo fazendo o que ela pode fazer de melhor, gerar liberdade e dar apoio nas escolhas que valorizam a cliente." – Cihpuma 2,3

Como você deve ter percebido, os versículos que venho oferecendo têm o propósito de fechar as janelas abertas pelo velho testamento que marcou o mundo da consultoria, então peço que preste atenção a eles. E, a exemplo do que acabo de mencionar, é preciso aprofundar, conhecer a cliente, a sua realidade, os seus sonhos, o dia a dia dela e tudo o mais que seja fundamental no propósito de aumentar a segurança da cliente para fazer escolhas assertivas e conscientes, baseadas no autoconhecimento.

Com toda a experiência que venho acumulando nos últimos anos, se existe uma orientação que não posso deixar de transmitir é o *timing*, a não-ansiedade. No antigo testamento, a consultora não sabia quase nada da cliente e já a acompanhava para uma jornada de compras. Ao longo da obra, vou transmitir tudo o que você necessita saber para não incorrer na repetição de práticas do passado. Por enquanto, apresento um versículo e afirmo que observá-lo faz sentido **na prática**, assim como espero que todas as consultoras passem a fazer.

> "Vestir ou ajudar a vestir alguém que você não conhece bem suas necessidades é garantia de resultado efêmero."
> – Cihpuma 2,4

Seja a compra de roupas e acessórios, o corte de cabelo ou a maquiagem, é essencial que a consultora de imagem saiba com precisão o quê e porquê está orientando, pois essa postura séria e responsável um dia transformará o que fazemos hoje em um legado para que as consultoras das próximas décadas tenham um alicerce, uma referência de quem fomos e o que fizemos para transformar e contribuir com a vida da cliente que nos procura desejando ser mais feliz, ter mais autoestima e confiança, dotar-se de maior capacidade para decidir e agir.

> "Uma consultoria de imagem completa abrange entender de sentimentos, crenças, valores, desejos, sonhos, metas e objetivos." – Cihpuma 2,5

> "Se faltar algum desses, pode ter certeza de que o serviço oferecido ficou abaixo do que se exige o novo testamento e quem sabe, bem mais próximo do que defendia o antigo testamento. Em outras palavras, a consultora de imagem do século XXI não deve atuar com práticas do século XX." – Cihpuma 2,6

CAPÍTULO 3, VS 1-6

A duração da felicidade

𝒫erceba que, a todo instante, tenho enaltecido qualidades e limitações da época e venho relatando fatos que marcaram o século XX das consultorias de imagem, com o cuidado extremo de não desqualificar as profissionais de ontem que, em verdade, são as responsáveis por trazer a consultoria de imagem ao século XXI, assim como hoje estamos formando o legado que abrirá as portas desse segmento nas próximas décadas, o que demonstra como é importante a missão da consultora de imagem, pois quanto maior o êxito da cliente quanto ao que ela busca, deseja ou necessita, mais prosperidade e confiança o mercado vai formando a respeito da profissão.

Assim dito, que fique bem claro: se o velho testamento da consultoria de imagem não tivesse também as suas tantas qualidades, nos dias de hoje a obra não precisaria ser lançada porque ninguém decide publicar um conteúdo sem acreditar de coração naquilo que é trazido para o leitor.

Embora tenha enfrentado os seus percalços, a consultoria de imagem se tornou mundialmente conhecida e uma fração desse legado também merece ser creditada às pioneiras, o que me leva a compor mais um versículo.

> "Por onde passar e onde trabalhar, você que decidiu ser consultora e teve ajuda para chegar e conquistar o seu estado atual, lembre-se de honrar a quem te ensinou, lição que o filho de Deus nos ensinou através da sua vida." – Cihpuma 3,1

O mais importante é que a cliente deve estar, sentir-se e permanecer feliz com as escolhas que fez desde que contratou a consultora de imagem. Sabe por que afirmo assim?

> "Existe a felicidade passageira, como aquela que algumas pessoas sentem depois que deixam as lojas com as mãos cheias de sacolas contendo itens adquiridos por impulso, que não traduzem nem representam a essência da pessoa. Existe também a durável, aquela que se baseia em ações que de fato traduzem quem a pessoa é, que a fazem vestir-se de si e a preparam para os desafios da vida." – Cihpuma 3,2

Reforço o versículo para detalhar o que você merece saber.

> "Se tais escolhas são condizentes com estilo, objetivos, valores e sonhos, peças e acessórios representam ótimo investimento em autoestima, com retorno garantido nas questões pessoais que se podem conferir, por exem-

> plo, na vida a dois, que recebe uma guinada. Ou no trabalho, que se pode aferir através de promoções, aumento dos números conquistados e assim por diante."
> – Cihpuma 3,3

Como demonstro nos versículos 2 e 3 do capítulo terceiro de nossa bíblia, é possível sim mensurar os resultados obtidos numa sólida parceria entre cliente e consultora, sendo que à primeira cabe esforço e disciplina; à segunda cabe a direção, o acompanhamento, a orientação constante e a constatação de que os resultados estão chegando.

A felicidade gerada por uma consultoria de imagem não tem caráter passageiro. Assim como defendeu Einstein, uma mente que se expande jamais retorna ao seu formato original e assim acontece com alguém que se submete e se compromete a zelar pela própria imagem a partir do autoconhecimento. Lembremos o que as escrituras nos ensinam no trecho Romanos 12:2, "... a palavra de Deus também nos ensina a transformar-nos pela renovação da mente".

Quando experimenta os benefícios e as conquistas de sua nova vida marcada pelo estilo que adotou, a cliente dá adeus definitivo às escolhas do passado que só a distanciaram da prosperidade, daquilo que ela deseja em todas as áreas da vida.

Assumir um novo corte de cabelo, um novo estilo de unhas, renovar o *closet* e tantas outras escolhas semelhantes trazem algum benefício pontual? Sim, é inegável, uma espécie de "*plus*" para a autoestima, porém resta saber qual é a duração disso que podemos classificar por "estado de felicidade".

Em contrapartida, muito além das questões ligadas ao *look* ou à estética facial e corporal está a libertadora descoberta dos estilos predominantes (quase sempre a pessoa tem mais de um), entendendo a relação entre harmonizar as cores dos acessórios, roupas e maquiagens com a própria beleza, identificando assim aquilo que faz bem para você de verdade e não porque alguém do mundo da moda generalizou, dizendo que era bom.

Nesse contexto, vejamos outro exemplo do antigo testamento que aos poucos vem caindo e abrindo espaço para o novo e analisemos a questão da divisão.

Para algumas ações e estratégias, a divisão soma e para outras, simplesmente subtrai, atrasa. Explico: quando opiniões divergentes dividem uma sociedade, o povo pode chegar às vias de fato, deflagrando conflitos e até guerras.

Nas escrituras, em 1 Reis 16:21, há um exemplo de divisão que ilustra nossa reflexão: [...então, o povo de Israel se dividiu em dois partidos: metade do povo seguia a Tibni, filho de Ginate, para o fazer rei, e a outra metade seguia a Onri].

Todos nós sabemos que a divisão entre povos, culturas e hábitos é retratada nas escrituras sagradas com a consequência mais comum, a dissolução, os conflitos, as guerras armadas.

Trazendo tal reflexão para a nossa humilde bíblia, o que se fazia no antigo testamento não era diferente: a consultoria de imagem, muitas vezes receosa de não conseguir consolidar o trabalho com a cliente, acabava oferecendo a divisão, a fração ou, tal qual conhecemos, o que o mercado aprendeu a chamar de "pacote".

Sabe o que isso significa? No lugar de oferecer uma consultoria completa capaz de gerar transformação positiva na vida da cliente, a consultora se esforçava para oferecer módulos, trazendo soluções de fora para dentro quando o ideal é oferecer para a vida da cliente o resgate de sua essência de dentro para fora, resgatando quem ela é.

Adote cuidados, consultora.

> "Orai e vigiai, pois em dado momento da carreira, pode ser que você escute algo a respeito de oferecer consultoria por pacote. Saiba que uma consultora de imagem séria que se dedica a transformar a vida da cliente precisa abranger todas as necessidades e demandas. Para todo o sempre, isso não pode, não deve e não merece ser um critério negociável porque o bem-estar, a autoestima e a vida da cliente merecem atenção e respeito total." – Cihpuma 3,4

Talvez se forme uma grande dúvida prática e espero esclarecê-la:

– Jhanne, e se aparecer uma cliente que tenha feito cotação com a consultora de imagem que se propôs a fazer por pacote? Vou perder o negócio?

Se surgir uma cliente disposta a cuidar de apenas "um pedaço dela", provavelmente vai trazer uma pergunta parecida ou idêntica a esta:

Conversei com outra consultora que deu a opção de fazer por pacote. Você também faz?

Como dizem no cinema, é aqui que se separam as crianças dos adultos. Seja você o reflexo daquilo que deseja para o mundo e as pessoas. A consultora que usar honestidade e franqueza, poderá argumentar com a cliente a respeito da importância de olhar para todo o entorno de sua vida, em vez de apenas separar roupas e tons.

Poderá esta profissional chegar ao que hoje é o novo testamento, trazendo para a cliente a boa nova de que o mundo mudou, de que a consultoria de imagem do século XXI não permite mais espaço para intervenções superficiais ou rasas.

> "Por trás de cada consultoria de imagem realizada sob o sistema de pacote, isto é, focando em apenas uma ou duas etapas, poderá existir uma cliente que só conquistou resultados passageiros." – Cihpuma 3,5

> "Em quase todos os casos não é a contratação que deixa o resultado a desejar, muito menos a profissional que executa, e sim **o que** foi contratado." – Cihpuma 3,6

– Jhanne, por que você não recomenda consultoria de imagem separada por etapas? – poderia ser a dúvida que está em seu coração e posso responder.

Não há sentido em realizar a etapa da morfologia sem saber os estilos que predominam e as cores que favorecem a cliente, pois só o equilíbrio visual é insuficiente. Da mesma forma, não adianta identificar o estilo sem ir ao *closet* e vice-versa, assim como a análise personalizada de cores necessita de uma profunda investigação entre intensidade, temperatura e profundidade. Em resumo, uma etapa depende da outra.

Numa analogia, se você dirige um carro seguro, imagine chegar à montadora e pedir um carro por pacote, abrindo mão, por exemplo, do sistema de suspensão e pedindo para que caprichem apenas nos freios. Há alguma chance de dar certo?

Se é impossível frear com segurança um veículo desprovido do sistema suspensão, imagine em sua vida: por que seria possível frear os tentadores impulsos de compra que muitas vezes são praticados sem critério? Ainda a exemplo da metáfora, sem freios eficientes como seria possível se conhecer por dentro e somente depois projetar sua imagem para fora?

Façamos um teste de concentração. Segundo a sua análise, o que faltou nesta etapa?

Se você pensou em detalhar o que deve compor uma consultoria de imagem completa, parabéns! É precisamente o que vamos fazer nos próximos dois capítulos, pois até aqui o mais importante é que você entendesse a importância do conceito da completude quando estamos lidando com a vida e a autoestima da cliente. Nos próximos, explicarei a base e a aplicabilidade, especificando quais são as boas novas do novo testamento. Vamos, então, ao último versículo.

> "Como o átomo não pode ser subdividido, também o autoconhecimento, a felicidade e a autoestima não podem. Para formar a melhor imagem de si que pretende mostrar ao mundo, é preciso conhecer o que vai em seu coração e confiar que consegue se transformar positivamente um pouco mais, todos os dias." – Cihpuma 3,6

CAPÍTULO 4, VS 1 A 7

O que separa o antigo do novo no universo da consultoria de imagem

A década de 1920 foi marcada por grandes transformações pelo mundo em todos os setores, além de uma drástica mudança comportamental que visava a libertação da mulher no sentido mais amplo da palavra, a exemplo do movimento sufragista que conferiu à mulher o direito a voto e participação ativa durante as eleições.

As mulheres começavam a deixar de lado os espartilhos, muitas delas adotando um visual mais desafiador, de cabelos bem curtos, vestidos mais decotados, meias da cor da pele e até maquiagem escura ao redor dos olhos, um escândalo para a sociedade conservadora da época.

Foi nesse período e contexto que a estilista francesa Gabrielle Bonheur Chanel – ou somente Coco Chanel tal qual a maioria a conhece – criou a saia *midi*, com o olhar artístico sempre foi voltado às causas sociais e tendências mundiais.

Chanel nos deixou no ano de 1971. Se viva estivesse até a virada do século XX, teria se escandalizado se soubesse que algumas consultoras de imagem "proibiam" a sua saia *midi* para as clientes de estatura mais baixa.

No novo testamento, ajudamos a cliente a se conhecer e se perceber, geramos a consciência de que essa saia *midi* tem potencial para reduzir um pouco mais a sua estatura, mas existem técnicas que amenizam esse efeito. Mostramos a verdade e, a partir da verdade agora revelada, é a cliente quem decide e jamais a consultora. É exatamente o que nos ensina a Palavra em João 8:32, ao citar no texto sagrado: "...conhecereis a verdade e a verdade vos libertará".

> "A verdadeira consultoria de imagem não é a que aprisiona nossa cliente a padrões, e sim aquela que a liberta pelo autoconhecimento, para que seja quem deseja ser, fazendo escolhas conscientes." – Cihpuma 4,1

Eu, por exemplo, tenho estatura baixa e quando comecei a atuar no segmento da C.I. não usava saia *midi* nem tênis, atendendo aos padrões do velho testamento. Hoje, uso sem problemas porque são peças que aprecio e para compensar posso usar diversas estratégias e só exemplificando: um tom monocromático que traz alongamento ou um sapato *nude* que mostre o peito do pé, estratégias que reduzem o efeito-encurtamento. O mais interessante é que eu me conheça, saiba o que está acontecendo e possa decidir o que eu quero. Vale para mim, para você e para a cliente que também anseia pela chance de ter nas mãos o poder de decisão sobre o seu *closet*, o seu estado de espírito e o autoconhecimento. Agindo assim, a consultora de imagem jamais terá uma cliente presa a padrões e regras que, repito, foram úteis nos anos 1990 ou antes disso, mas que agora precisam de transformação e, de fato, desde 2018 vêm se transformando.

Consegue entender como o antigo testamento precisou ser repaginado, com os variados exemplos que vão surgindo? Era muito pode e não pode...

> "No universo da consultoria de imagem, quando uma privação é praticada de forma proposital ou não, o próprio setor reage, e se transforma e se corrige, cedo ou tarde." – Cihpuma 4,2
>
> "O nosso segmento tem a prerrogativa de se analisar, reconsiderar e transformar práticas antigas porque a dinâmica da imagem não é, nem jamais será estacionária." – Cihpuma 4,3
>
> "Na medida em que os avanços vão ocorrendo mundo afora, novas investigações e transformações vão surgindo para que a pessoa consiga evoluir o seu mundo, a sua verdade, a sua identidade." – Cihpuma 4,4

Dentre os variados "pode ou não pode", antigamente via-se de quase tudo um pouco e, como mencionei, a mulher de menor estatura era "proibida" de usar saia *midi* por sua consultora. Os exemplos não param por aí e outras regras limitaram por um bom tempo as escolhas da cliente. Havia consultora que procurava proibir que a mulher de menor estatura usasse tênis, alegando que ficaria ainda mais baixa. Outras afirmavam que as pessoas dotadas de cartela de cor clara e suave não poderiam usar preto ou comprometeriam a harmonia entre seu tom e os tons da natureza representada por ela, ou que a pessoa com 'profundidade clara e intensidade suave não poderia usar preto, já que o tom não' constava em suas cartelas de cores. Como se percebe, no passado tudo muito inflexível e inegociável.

Assim por diante, *"a regra do pode ou não"* por um bom tempo foi se transformando em verdade, como se a essência, a opinião e as preferências da cliente não tivessem importância ou estivessem abaixo das "regras", gerando frases complicadas de se ouvir, bastante recorrentes entre consultora e cliente naquele período:

> *— Eu sei que você gosta de saia midi, mas a sua altura não permite e a saia vai te desvalorizar, então você não pode usar!*
>
> *— Entendi, você gosta de tênis. Então use para treinar. Que tal a ideia?*

Foram tempos difíceis. Você há de se lembrar que mencionei sobre o antigo testamento que trazia somente sete estilos universais, além dos métodos sazonal e sazonal expandido, técnicas para classificar e harmonizar as cores de uma pessoa diante das cores de suas doze estações. Métodos aos quais sou muito grata, pois me ajudaram a idealizar metodologias mais profundas e, até mesmo, libertadoras.

Os estilos, no lugar de serem vistos como a chance de descobrir tudo de positivo que a cliente possuía para ser utilizado em benefício próprio, eram avaliados e baseados tão ou somente nas escolhas para vestir-se, como se apenas peças e acessórios dissessem quem era aquela mulher. E se existe algo que toda mulher sabe é o seguinte:

> "A consultora do novo testamento jamais tentaria limitar a mulher para que essa agisse deste ou daquele jeito, que escolhesse isso ou aquilo.
>
> Ao contrário, investigaria e ajudaria na conquista de seus objetivos, partindo de quanto ela se conhece, onde está e pretende ou deseja chegar, avaliando e enfrentando obstáculos, valorizando conquistas e transformações verdadeiramente duradouras." – Cihpuma 4,5

Por último, quero deixar claro outra vez que a melhor consultoria de imagem é a completa, pois uma vez dividida e aplicada em pacotes avulsos que dependem de outras etapas para um resultado significativo, automaticamente geram a maior das dúvidas: será que esses pacotes avulsos podem mesmo gerar transformação?

A resposta é não. Essa prática talvez possa até ser chamada de "dicas pontuais", mas nem de longe representa ou abrange tudo o que uma consultoria de imagem completa, como o método C.I.P (Consultoria Integral Próspera) oferece.

Contudo, há duas "exceções": a análise de coloração personalizada e o visagismo são as únicas etapas que podem ser tratadas em separado, pois as cores demandam cabeleireiros, maquiadores e lojistas, enquanto o visagismo conduz ao corte de cabelos, linhas das roupas, linhas e formas das maquiagens, temperamento e, assim, indica os acessórios e a harmonização correspondente à personalidade e necessidade de cada pessoa, que pode ir desde a harmonização facial até a estética dos dentes. Já o *shopper*, por exemplo, só deve ser feito em separado uma vez que a cliente já tenha passado por todo processo da consultoria e possua o seu manual de estilos em mãos.

Baseio-me na dor que um dia senti. Quando comecei, usava-se as técnicas tradicionais de embasamento raso, mas percebi que, em alguns casos, a cliente tinha ou trazia uma experiência que necessitava de um olhar mais aprofundado e de técnicas direcionadas, exclusivas, personalizadas. Foi aí que nasceu o que hoje apresento como novo testamento, a junção das melhores e mais abrangentes técnicas, com a importância de valorizar as emoções e crenças da cliente. Mergulhei fundo pesquisando e estudando a inteligência emocional, investigando o poder e a influência da espiritualidade diante do processo de transformação na vida da cliente.

Juntando as melhores técnicas do velho testamento com os recursos do novo testamento, percebi que formo alunas que se transformam em consultoras de imagem cada vez mais completas, pois entendem que a cliente deve ser vista e compreendida por sua individualidade, por seus desafios e desejos, para que haja, de fato, uma reconstrução de imagem. Além disso, essas novas consultoras entendem que não basta considerar estatísticas e replicar com a nova cliente exatamente o que tinham feito em consultorias anteriores, de modo que passam a procurar entender a realidade da cliente, a investigar a influência do passado e do ambiente em que a cliente vive, a entender o que ela realmente deseja para o seu presente e o seu futuro... É a partir dele, o passado, que nós consultoras temos um bom norte para construirmos no presente a ponte rumo ao futuro que nossa cliente deseja. Portanto, não ignore as experiências vivenciadas pela cliente. Ao contrário, procure entender como e em que medida essas vivências influenciam nas escolhas que a cliente fazia antes da consultoria, porque tudo o que a gente viveu acaba formando um sistema de crenças e influenciando as decisões do presente, o que é crucial para o bom andamento da C.I.

Em Coríntios 10:11, sobre a importância do passado, o apóstolo Paulo deixa uma lição interessante: "... incidentes são sinais de alerta da nossa história, escritos para que não venhamos a repetir os erros deles".

Eis o papel da consultora de imagem do novo testamento, reduzir as chances de reincidir erros e aumentar as chances de sucesso da cliente em relação a imagem que ela deseja formar em cada área da vida, com um detalhe de suma importância que nunca é demais ressaltar: as transformações devem ocorrer a partir do autoconhecimento dela sob a orientação da profissional de C.I. Tome cuidado para que não aconteça o contrário, pois as crenças, os sonhos e os valores da cliente não podem ser confundidos com o que a consultora de imagem acredita, sonha e valoriza. Entende a diferença?

> "Devemos usar nosso conhecimento em favor da cliente, para orientar sobre o que **pode ser** mais adequado para ela diante das ferramentas da C.I." – Cihpuma 4,6

> "Quanto a decisão final sobre peças, tons e acessórios, a consultora de imagem deve mostrar o que favorece a cliente com base em seu conhecimento, alinhado a necessidade dela, mas a escolha definitiva sempre deve pertencer a quem contrata." – Cihpuma 4,7

Aos poucos, vamos entendendo que a completude do processo de C.I. somente se alcança se considerarmos os comportamentos, o ambiente, as crenças, os valores e tudo o mais que possa ser relevante para a cliente em cada área de sua vida. Vamos em frente e entenderemos isso melhor quando eu detalhar os passos que você deve seguir para alcançar o êxito.

CAPÍTULO 5, VS 1 A 9

Congruência

Além da saia *midi* e do tênis exemplificados, sempre gostei de brilho e já apreciei bastante das peças que valorizavam o corpo. Algumas colegas de profissão da época diziam que nós, consultoras de imagem, ainda que gostássemos, não podíamos nos dar o luxo de usar peças destoantes daquilo que as regras da C.I. ditavam (do velho testamento, claro). Havia uma crença sobre isso e as profissionais diziam mais ou menos assim:

– Quem é consultora de imagem não pode usar...

Chegando ao século XXI e ao novo testamento, uma pergunta poderosa alcançou nossa profissão, se repetindo sem jamais parar. Essa pergunta pode até ser formulada de maneira diferente, mas a essência é quase a mesma:

Que tipo de exemplo positivo a privação ou a infelicidade poderiam gerar?

Seria o equivalente a consultora dizer para a cliente que ela tem o direito de escolher o que considera melhor e, em contraponto, a própria consultora viver se privando, deixando de usar ou fazer o que gosta, o que prefere, o que lhe faz bem.

> "A pessoa só consegue encontrar o melhor em si se não for esmagada por regras, teorias ou conceitos proibitivos." – Cihpuma 5,1

Em Eclesiastes 7:7, repousa uma sábia reflexão sobre o tema: "... verdadeiramente a opressão faz endoidecer até o sábio".

É disso que se trata, dar liberdade e jamais oprimir, aprender a harmonizar tons e estilos para não ter que se privar de nada. Acima de tudo, é permitir que a cliente receba a melhor orientação da C.I para decidir com sabedoria.

> "Se a consultora de imagem pretende despertar na cliente o melhor de si, não é economizando na conquista da própria melhor versão que isso acontecerá, pois neste mundo alguém que deixa de se ajudar é incapaz de estender a mão ao semelhante." – Cihpuma 5,2

Como mencionei, antes da bíblia da C.I. que repousa neste momento em suas mãos, eu não tinha uma referência que pudesse ajudar a consultora a escapar dessas armadilhas e crenças do velho testamento e, por isso, tive que aprender na prática que não fazia sentido algum deixar de ser quem é e, ao mesmo tempo, ensinar outra pessoa a se descobrir, razão pela qual criei essa ferramenta de apoio, além da metodologia *Vista-se de si* e de outros recursos que você encontrará com facilidade em meus espaços nas redes sociais ou na própria obra que leva o nome do método.

Todo esse esforço visa mostrar que a principal lição de casa diária da consultora de imagem se resume a ser congruente. Quando comecei na profissão, a única alternativa era seguir o velho testamento e hoje temos a grata chance de mudar, transformar, formar opinião, abranger o alcance da consultoria de imagem e levá-lo cada vez mais ao lugar de destaque, gerando maior interesse da sociedade pelo autoconhecimento, pelo zelo com a imagem de si que apresenta e representa para o mundo.

Na igreja, por exemplo, em várias ocasiões observei em pauta o trecho de Samuel 16:7, que diz: "...[Porém o senhor disse a Samuel: Não atentes para a sua aparência, nem para a grandeza da sua estatura, porque o tenho rejeitado; porque o Senhor não vê como vê o homem, pois o homem vê o que está diante dos olhos, porém o Senhor olha para o coração]".

Avaliando a reflexão, percebemos o que há para ser interpretado na mensagem: a aparência revela um pouco de nós, mas não precisamos, nem merecemos nos apegar a padrões de beleza, pois cada pessoa é bela do jeito que foi feita e o que a consultoria de imagem faz é amplificar a projeção dessa imagem divina, permitindo que a imagem da pessoa represente toda a grandeza de valores e comportamentos que ela possui. Em resumo, Deus fez o ser humano conforme a Sua própria imagem e não bastasse esse olhar divino para zelar pela imagem que recebemos, há ainda mais: buscando uma revelação, uma resposta que trouxesse luz para que eu ajudasse mais e mais consultoras em meu propósito, entendi o que sempre havia estado bem diante de nossos olhos.

Em Provérbios 4:23, essa revelação me encheu de alegria; "acima de tudo, guarde o seu coração, pois dele depende toda a sua vida".

Ora, se Deus nos manda guardar o coração, basta refletir e entender. Aquilo que está em nosso coração se reflete em nossas atitudes, decisões, comportamentos, em nossa maneira de ser e agir. Então, obviamente o que está em nosso coração também se reflete na aparência, no comportamento, na imagem que escolhemos apresentar aos semelhantes em qualquer área da vida.

Durante muito tempo, o velho testamento da C.I. não se esforçou para evitar que as pessoas confundissem os elementos que hoje podemos reorganizar: a) vaidade; b) consciência; c) aparência; d) transformação 1; e) imagem bem representada de si.

Agora que temos a chance de dar um novo significado e organizar as ideias, colocando cada sentimento e aprendizado em seu devido lugar, vamos entender à luz do novo testamento da C.I.

> a. **Vaidade** – "a cliente só compra o que é caro ou o que é percebido pelos outros como caro, mesmo que a peça ou acessório não a faça feliz. É nesse cenário que a consultora deve usar todo o seu conhecimento para apresentar, com delicadeza e tato, outras possibilidades que a favoreçam". – Cihpuma 5,2
> b. **Consciência** – "a cliente decide o que é melhor para ela e, por coincidência, tais peças e acessórios custam um pouco mais caro. Se ela pode pagar sem afetar as outras áreas de sua vida, é um direito dela e precisamos

lembrar do mandamento que nos pede para não julgar". – Cihpuma 5,3

c. **Aparência** – "a cliente pensa somente no externo sem olhar para dentro de si e se concentra tanto nisso que simplesmente acaba se esquecendo de ser quem ela merece ser. Ao identificar uma cliente que esteja vivendo essa fase da vida, tenha a certeza de que ela precisa muito de você, consultora de imagem". – Cihpuma 5,4

d. **Transformação** – "ressaltando o que mostrei há pouco sobre o fato de que a aparência tem o seu peso e a sua importância, é papel da C.I. mostrar para a cliente os benefícios de ter sua aparência e estilo de se vestir do jeito que ela merece, com as orientações da C.I. e a decisão final sempre da cliente". – Cihpuma 5,5

e. **Imagem bem representada de si** – "o melhor dos cenários diz respeito ao momento em que a cliente se descobre vasculhando o autoconhecimento e resgatando a autoestima. A partir daí, a cliente tem a chance de oferecer a melhor performance em todas as áreas da vida, inclusive as principais, família e carreira.
Cabe à C.I. trazê-la, resgatá-la ou despertá-la para viver esse estágio". – Cihpuma 5,6

Como se percebe, são várias formas de se interpretar o que é divinal em nossa vida e talvez você até tenha identificado alguém ao ver essas classificações do nosso novo testamento.

Lembre-se da congruência, da lei que Deus nos ensinou sobre dar e receber. Quero inclusive deixar um versículo sobre isso:

> "Para que a consultora conquiste mudanças significativas em sua vida, é necessário gerar transformação na vida do outro." – Cihpuma 5,7

Buscar a opção "e" deve ser a nossa missão na carreira porque só a completude interessa e se a cliente sente que está completa, é sinal de que a C.I. cumpriu o seu papel e você, consultora de imagem, fez o seu melhor em benefício da cliente, do nosso setor de mercado e, sem dúvida, da sua carreira.

> "Uma alma completa transforma o mundo. Sendo a consultora de imagem a aliada da cliente, também ela, consultora, indiretamente está transformando o mundo através de seu honrado trabalho." – Cihpuma 5,8

Por último e igualmente importante, pensemos no resultado desse nosso trabalho:

> "A consultora de imagem não ajuda a cliente apenas a vestir-se. O seu papel consiste também em ajudá-la a fazer boas escolhas que poderão ser levadas a outras áreas da vida, pois todo comportamento se repete, de modo que onde existir dúvida sobre as roupas que a representam, por exemplo, haverá dúvida sobre diversos assuntos em geral. Em outras palavras, quando geramos a segurança necessária para eliminar dúvidas sobre peças e acessórios, por exemplo, estamos inserindo na cliente o conceito e a cultura de segurança durante as decisões. A partir daí, ela terá também mais convicção para decidir sobre as demandas da carreira e da vida como um todo." – Cihpuma 5,9

CAPÍTULO 6, VS 1 A 4

Transformando questionar em crer

*D*isse Belchior, em um de seus principais sucessos, "foi por medo de avião que segurei pela primeira vez na sua mão". Pensando nessa inspiração do mundo da música, a consultora merece entender: o que a cliente mais precisa em sua vida é a mão da especialista estendida em sua direção, para que possa sentir que está apoiada durante o caminho, conferir que está diante de uma grande transformação e, principalmente, que não está sozinha. Afinal de contas, os temas solidão e transformação não costumam andar juntos. Sempre que o ser humano almeja atingir um novo e desafiador patamar, ele há de procurar mãos estendidas, mentes expandidas e corações disponíveis.

Portanto, a relação entre cliente e consultora começa com os questionamentos e deve avançar até alcançar o status de uma aliança de confiança, até o momento em que a cliente sente e sabe que está segura, que pode confiar na pessoa que a está orientando, que tem certeza sobre o profissionalismo de sua consultora.

Nos tempos de velho testamento, foram os questionamentos que me fizeram sair da caixa, procurar o novo e criar uma metodologia que pudesse chamar de minha. Acima de tudo, me questionei se o que eu oferecia à sociedade estava de acordo com os desígnios de Deus ou se não seria algo superficial na vida das pessoas.

Sinto que Deus me levou a essas palavras e dúvidas para que eu entendesse melhor que, sim, que o fundamento do que eu fazia e permaneço fazendo com a consultoria de imagem fortalece a identidade física, emocional e comportamental da cliente. Foi orando, mergulhando no estudo das escrituras sagradas e pedindo orientação espiritual, que entendi que todos nós nascemos com a identidade de Cristo, frutos humanos feitos à semelhança de Deus e tal reflexão afastou para bem longe qualquer dúvida que ainda pudesse existir a respeito da missão profissional que começava naquela época e chegaria tão longe.

> "Se colocar um olhar profundo e atencioso para o ser humano que está diante dela, a consultora de imagem conseguirá usar as experiências da cliente a favor de sua imagem, invertendo a lógica perversa segundo a qual as escolhas do passado machucam e cobram um preço no presente." – Cihpuma 6,1

Sabe por que estou compartilhando as dúvidas e os questionamentos que me fiz no início da carreira?

> "Em algum momento da carreira, todo ser humano ques-

> tiona se o que está fazendo tem a aprovação de Deus e se de fato transforma a parte que recebe o resultado de seu trabalho. Isso é maravilhoso porque comprova a humildade, demonstra o compromisso com o semelhante e fortalece o exercício a fé." – Cihpuma 6,2

Outra vantagem dos questionamentos é que, ao respondê-los no coração, a consultora consegue dotar-se da certeza de que está fazendo a coisa certa, que simboliza o instante exato em que ela passa a crer no poder de seu trabalho quanto a gerar resultados positivos e transformacionais para a cliente, tal qual Jesus disse a Tomé em João 20:27, trecho que se encaixa nesta reflexão como a última peça do quebra cabeça que os pais montam com os filhos: ... "Coloque o seu dedo aqui; veja as minhas mãos. Estenda a mão e coloque-a no meu lado. Pare de duvidar e creia".

Que a imagem transmitida é fundamental ninguém há de duvidar nessa etapa da obra. Contudo, quero chamar ainda mais a atenção da C.I. para o reforço dessa importância porque a cliente que ainda duvida do poder da imagem em verdade ainda não crê em si e, por isso, precisa de nossa ajuda profissional, o que demonstra como é importante a nossa missão.

> "Muito mais do que definir peças e acessórios, o papel primário da consultora de imagem é ajudar a cliente a crer que a sua imagem muda o seu universo íntimo e, por consequência natural, transforma o entorno, abre portas antes intransponíveis e atrai a prosperidade que toda cliente merece." – Cihpuma 6,3

Um exemplo clássico é Ester, que foi preparada por um ano inteiro antes de se apresentar como candidata à esposa do rei, num tratamento de seis meses com óleo de mirra e outros seis com especiarias, além de todos os cuidados para a escolha do vestido que representasse sua imagem diante de Sua Majestade. Com efeito e tal qual demonstram as escrituras, Ester foi a noiva escolhida.

Sim, alguns poderão dizer que os tempos são outros e aquela era uma época de submissão. Não entremos nesse mérito e pensemos que para cada tempo há uma cultura, um conjunto de hábitos. A lição que importa da experiência de Ester para a C.I. é bem clara no sentido de que a cliente merece zelar pela própria imagem porque diariamente ela vai encontrar Sua Majestade, a rainha de sua vida, aquela cuja imagem aparece refletida diante do espelho.

> "É ali, na frente do espelho, que a transformação acontece. Após um longo e atencioso trabalho da C.I., a cliente olha para sua nova versão, recorda-se de quem foi a responsável por aquela transformadora imagem, abre um sorriso e sai para vencer no trabalho, na vida, em qualquer lugar que decida prosperar." – Cihpuma 6,4

Pensando em tudo isso, responda: a missão profissional da consultora de imagem não é realmente maravilhosa?

CAPÍTULO 7, VS 1 A 4

O não-padrão pode mudar a história do mundo

Como prometi, não vou reproduzir em nossa bíblia trechos alongados das escrituras sagradas, mas entendo que é importante fazer um resumo da história de Rute, que vai de encontro ao que buscamos em nossa humilde bíblia da C.I.

Vale ressaltar que em respeito a você que tem o livro nas mãos, é um resumo personalizado que faço, sem copiar de nenhum lugar. Em seguida, direi qual é o ponto de convergência com a nossa bíblia.

Rute tornou-se viúva e segundo os costumes da época, mulheres viúvas sem filhos passavam a depender da boa-vontade alheia para tudo, inclusive alimento.

Outro costume comum ditava que o parente mais próximo poderia desposar a viúva e dar continuidade à linhagem do falecido marido.

Em vez de preocupar-se com a própria sorte, Rute decide cuidar da sogra Noemi, também viúva e tão desamparada financeiramente quanto ela. Mas, com um agravante: Noemi tinha passado da idade considerada "viável" naquele tempo para casar-se outra vez.

Sua sogra anuncia que vai partir em busca de alguma oportunidade melhor e sugere que Rute case-se novamente. Generosa, leal e dedicada, Rute recusa-se a atender o que Noemi pede.

Se aceitasse a bem-intencionada sugestão da sogra, Rute encontraria um pretendente em seu país de origem e se despediria para sempre de Noemi. Em vez de acatar a sugestão, Rute eterniza um dos mais belos gestos de todos os tempos, quando dá sua resposta à sogra.

> "Aonde você for eu irei, e onde você ficar eu ficarei. Seu povo será meu povo e seu Deus, meu Deus." – Rute 1: 16-17

Rute assim decide e passa a visitar os campos de colheita da região, procurando sobras de alimento para ela e Noemi. É ali nesse ambiente de semeadura e colheita que ela conhece seu futuro marido e sabe o que é mais relevante dessa história tão inspiradora?

Ao casar-se novamente com o guardião-redentor Boaz, Rute se tornava um dos elos na linha da genealogia que levaria até Jesus Cristo e nesse ponto, a história de Rute se assemelha com a bíblia da consultora de imagem. Explico: Rute fazia parte dos padrões da época e sem marido poderia até morrer de fome (no século XXI, isso pode parecer um absurdo, mas era assim).

Se ela tivesse abandonado a sogra para priorizar um novo enlace, qualquer pessoa poderia compreender sua decisão.

Ocorre que os padrões não serviam para um coração tão grandioso, assim como antigos padrões não servem mais para prover consciência e autoconhecimento à mulher do século XXI.

Se Rute simplesmente seguisse os padrões daquele tempo, como teria sido a história dela e de todos aqueles que formariam sua árvore genealógica?

Chegamos ao presente, aos dias do século XXI em que a mulher pode celebrar as próprias escolhas e viver conforme for melhor, mas claro que todo formato de liberdade requer capacidade de decidir. É aí que entra em cena a C.I. para garantir que a mulher possa dizer ao espelho: "onde você for eu irei". Ou seja, explicando por versículos de nossa bíblia:

> "Com a consultoria de imagem, a mulher nunca mais precisa abandonar sua essência, nem representar papéis convenientes e ao contrário disso, tem a chance de viver a sua verdade e a sua fé, munida da autoconsciência obtida ao passar por uma consultoria que facilita sua liberdade em todos os sentidos." – Cihpuma 7,1

Imagine, leitora, que embora a mulher possa fazer nos dias de hoje tudo o que seu coração desejar, ela continua o seu trabalho sob constante análise por pessoas justas e outras, nem tanto. Aliás, ter o seu trabalho avaliado faz parte da rotina de todas que são pessoas públicas e divulgam seu trabalho nas redes sociais, como é o meu caso e o de tantas C.I.'s que trabalham no Brasil e no exterior.

Nem todas as pessoas estão prontas para aceitar que a profissional tem o direito de ganhar a vida e dar o melhor de si no trabalho em favor do semelhante. Na internet, território que às vezes pode ser hostil, certa vez uma pessoa perguntou se eu não estaria de certa forma usando a palavra de Deus para ganhar dinheiro. Ainda me lembro bem do que respondi a ela.

– A palavra de Deus está presente em tudo na minha vida: ao pedir uma chuva de bênçãos para cada cliente ou familiar, ao educar minha filha, ao lidar com os relacionamentos, ao cumprir a minha missão profissional, ao me posicionar sobre o que é necessário para a evolução das consultoras de imagem e do mercado que todas nós representamos. Até mesmo nas escolhas pessoais, quando estou diante de uma situação em que eu quero algo, mas não me convém, é na palavra de Deus que vou buscar reforço e confirmação daquilo que estou prestes a decidir. Você entende?

A pessoa que fez o questionamento não apenas compreendeu, mas se desculpou por ter feito um julgamento raso e precoce. E por que decidi trazer esse exemplo até você, consultora de imagem?

Em Coríntios 6:12, consta que "... todas as coisas me são lícitas, mas nem todas as coisas convêm. Todas as coisas me são lícitas; mas eu não me deixarei dominar por todas elas".

Ao divulgar e entregar um trabalho digno do sucesso e da felicidade da cliente, cedo ou tarde você encontrará alguém disposto a avaliar, julgar e até denegrir o seu bom labor.

Se ou quando isso acontecer, tenha fé, responda com bastante propriedade, posicione-se e faça a sua parte para defender a sua honrosa dedicação.

> "E tendo você feito a sua parte, defendido a sua consultoria, quanto ao restante pode confiar que Deus se encarregará de proteger o seu trabalho e a sua lida, de blindar o seu caminho e fortalecer a sua jornada." – Cihpuma 7,2

A história de Rute nos deixa valorosos ensinamentos sobre a capacidade de decisão, nos mostra como alguém que realmente confia em Deus passa a ser capaz de se permitir viver algo novo. Quando Rute vai colher espigas, na prática ela está vivendo sua escolha e seu propósito. Parece loucura colher restos? Mas ela entendeu o momento que estava vivenciando, tal qual a Bíblia diz em Mt 25:23: [...muito bem, servo bom e fiel; sobre o pouco foste fiel, sobre muito te colocarei; entra no gozo do teu senhor].

Rute deixou a todas nós um legado de quebra de padrões, portanto é responsabilidade nossa ter a certeza de que as próximas gerações também não precisarão viver à base de padrões que nós, no presente, poderíamos formar.

> "Sigamos o exemplo, quebremos padrões, esclareçamos dúvidas sobre o nosso trabalho, vivamos aquilo que ensinamos com transparência e congruência, e assim seremos recompensadas grandiosamente." – Cihpuma 7,3

Consta nas escrituras sagradas, em Colossenses 3:24, uma afirmação que joga luz ao que estamos verificando neste capítulo: "... e tudo quanto fizerdes, fazei-o de todo o coração, como para o Senhor e não para homens". É isso, é exatamente o que nós C.I.'s fazemos todos os dias, dedicamo-nos de todo o coração para que a cliente encontre resultados transformadores, conheça a própria essência e seja mais feliz.

Agora que ficou mais evidente o nosso real desejo de evolução da cliente de todas as formas possíveis, estamos prontos para avançar. E lembre-se:

> "Quando o assunto em pauta for a sua imagem e as suas escolhas, evite qualquer solução que inclua a palavra 'padrão' porque se Deus nos quisesse iguais, não nos teria feito como semelhantes." – Cihpuma 7,4

CAPÍTULO 8, VS 1 A 5

O fim do medo de aplicar a análise de cores e a identificação do estilo

*N*ão podemos ser injustas com o costume do antigo testamento no sentido de oferecer consultoria de imagem por pacote. Em vários casos, isso um dia aconteceu por uma questão de insegurança e a análise de cores é um dos mais marcantes exemplos, dada a complexidade para se aplicar.

Pensando a respeito da análise de cores e como eu poderia ajudar a C.I., desenvolvi uma metodologia que patenteei como F4C – FREEDOM FOR COLORS, que avalia a paleta de cores através do contraste (estudaremos detalhadamente o F4C adiante) ou característica predominante. E sim, claro que "*for*" e "*four*" têm diferentes traduções, mas achei o neologismo muito charmoso. E vamos partir da premissa indispensável:

> "Toda metodologia serve como recurso de direcionamento e não pode, nem deve ser interpretada como verdade absoluta, pois a individualidade do ser humano não permite regras imutáveis." – Cihpuma 8,1

Levado esse versículo em conta, pode-se dizer que dependendo das características predominantes que a pessoa tem, a consultora de imagem poderá identificar até duas temperaturas em uma cliente, pelo método F4C, portanto terá em mãos uma análise de cores mais lógica e compatível com a harmonia de repetição, isto é, se a cliente opta por mudar sua característica predominante, a cartela também pode mudar.

Isso liberta a sua cliente, que não necessita mais manter-se presa a apenas um tom de harmonia para sua pele.

No F4C, o todo da análise é importante e deve ser avaliado, em vez de se focar apenas no tom da pele. O outro benefício do recurso é dar importância e foco à característica que mais se destaca na pessoa, a sua predominante e, aí sim, a partir do "conjunto da obra" a C.I. sente-se mais confiante para avançar e gerar transformação para a cliente, até porque ela sabe que a partir do novo testamento uma etapa complementa a outra numa consultoria de imagem, de modo que são interligadas. Em outras palavras, os dias de se focar apenas na etapa *shopper* ou na etapa de avaliação do *closet* chegaram ao fim e cederam lugar à necessidade mais aprofundada de conhecer a morfologia, a rotina da cliente, seus anseios, suas dores, o seu todo.

> "A consultora de imagem precisa impor aprofundamento em cada etapa do processo e se em vez disso optar por etapas pontuais, com certeza terá o seu trabalho confundido com o do *personal stylist*, que também é importante, porém diferente em relação ao trabalho da consultora." – Cihpuma 8,2

> "Dedique-se a conhecer a cliente e aplicar as etapas da consultoria sem jamais oferecer um cardápio de op-

ções. Numa analogia, ao procurar a consultora de imagem, a cliente não está num restaurante prestes a decidir por este ou aquele prato. Ela está procurando um processo inteiro que a permita transformar resultados pessoais e profissionais. Assim como não existe meio sucesso ou meia fé, só a inteireza realmente faz a diferença. Por que Deus é completo e onipresente? Sim, porque toda a Sua criação foi feita do início ao fim e, ao clamar pela atenção Dele, pode ter certeza de que nenhum ser humano pede meia ajuda. Assim, foquemos no que é completo, ofereçamos a consultoria inteira e como Deus é justo, os resultados da consultora de imagem também virão inteiros, repletos de prosperidade." – Cihpuma 8,3

Sim, quem leu o meu primeiro livro intitulado "Vista-se de si" talvez nesse momento tenha se recordado de que a etapa de identificação do estilo predominante pode demandar uma atenção especial. É natural que essa constatação gere uma pergunta, tal qual já escutei de alunas:

– Jhanne, sendo a identificação do estilo predominante um processo que pode gerar três ou quatro etapas, a consultora poderia oferecer somente esta parte da consultoria, pelo menos num primeiro momento?

A resposta é não. A consultoria de imagem está interconectada e, apesar dessa fase exigir um pouco mais de tempo e atenção, é mais uma etapa do todo, da inteireza. Cabe lembrar que o futuro da cliente é confiado às mãos dedicadas da consultora de imagem e a ela cabe esse olhar incansavelmente profundo, investigativo.

Se um dos papéis da consultora de imagem é ser uma agente a prover autoconhecimento, não faria sentido conhecer pouco ou só metade do perfil da cliente.

Sim, isso mesmo. Não estou sugerindo que a consultora de imagem atue como psicóloga, mas que entenda a cliente pelas perspectivas da razão e da emoção, daquilo que a cliente interpreta como racional e emocional em sua vida.

Em nossa consultoria, analisamos a identificação do estilo predominante como uma forma de ser. Este é o segredo das grandes consultorias transformacionais: ver a cliente sempre pelo nível da sua identidade e dos seus valores, que são eternos porque a identidade revela quem ela é e os valores simbolizam o que ela acredita.

> "Não cometa o erro de identificar o estilo predominante da cliente a partir de informações imediatas ou testes rápidos, pois é na identidade e nos valores que está a essência do ser humano." – Cihpuma 8,4

Aos olhos do antigo testamento, uma breve análise na escolha de vestir-se indicava "quem era" a cliente. Levando-se em conta tudo o que aprendeu ou já sabia e revisou até agora, percebe o quanto a consultoria de imagem evoluiu desde então?

Vou mostrar a partir daqui um pouco mais a respeito de "quem somos nós" em relação ao estilo e você verá como vale a pena investir em autoconhecimento.

O nosso estilo de essência é feito à imagem e semelhança de Deus. O secundário vem da definição de como pensamos e o terciário, de como agimos.

Em função disso, podemos ter três ou quatro estilos. Uma vez que amadurecemos e mudamos o jeito de ser, esses estilos também podem mudar.

É natural também que um dos estilos que carregamos esteja conectado à cultura do lugar onde vivemos. Afinal, faz parte das experiências e, além disso, nossas expectativas também definem como pensamos e, consequentemente, como nos vestimos. Não se trata apenas de vestir. O estilo está relacionado às decisões que tomamos, fortalecendo ou não a autoconfiança.

Uma vez que a pessoa não tem ou sente segurança quanto ao que vai vestir e porque vestir, esse comportamento inseguro pode se refletir em outras áreas da vida. Vejamos cada personalidade e o respectivo estilo:

Vou mostrar a partir daqui um pouco mais a respeito de "quem somos nós" em relação ao estilo e você verá como vale a pena investir em autoconhecimento.

Personalidade arrojada e inovadora – estilo fashion – carrega muita tendência e peças temporais. É uma pessoa que acompanha os lançamentos em desfiles e está antenada com as novidades. As cores, tecidos e acessórios irão acompanhar as tendências e serão adquiridos antes mesmo de chegarem às lojas de departamento. É uma pessoa ousada e isso se reflete em sua vestimenta.

O estilo varia conforme
as tendências da moda.

Personalidade moderna – estilo contemporâneo – traduz a pessoa atualizada e mais urbana, versátil na escolha das vestimentas, gosta de peças validadas pela moda. Tem um estilo mais casual, versátil e valoriza a praticidade.

Usa peças que seguem uma
linha mais prática e confortável.

Personalidade expressiva – estilo criativo – as edições de seus looks podem ser como uma arte, seguindo intuição e humor. A única regra que aplica é a própria inspiração. Os tecidos, materiais, cores e estampas são variados. São capazes de misturar o rústico ao inovador e montar uma composição única. São pessoas originais, que gostam de liberdade e de explorar sua criatividade sem limites.

O FIM DO MEDO DE APLICAR A ANÁLISE DE CORES 71

Personalidade imponente – estilo sofisticado – refinamento, status, sofisticação e luxo definem essa pessoa. Transmite uma imagem segura e de uma pessoa de muito sucesso. Pelo luxo que carrega, é notada por onde passa. Tem preferência por peças lisas e, se usar estampas ou cores intensas, serão como um detalhe, pois o refinamento faz parte da comunicação em sua imagem.

O FIM DO MEDO DE APLICAR A ANÁLISE DE CORES 73

Personalidade conservadora – estilo tradicional – é uma pessoa metódica, discreta e organizada. Transmite credibilidade e muito respeito. É atemporal, formal e não ousa muito em suas escolhas. Gosta de qualidade e prefere não chamar atenção. Prefere tecidos planos, cores neutras e opacas com composições monocromáticas ou bicolores. Se usar estampas, aposta em listras e poá.

O FIM DO MEDO DE APLICAR A ANÁLISE DE CORES 75

Personalidade desapegada – estilo natural – praticidade e conforto a definem. Pode transmitir desleixo por seu lado desapegado. É muito prática, e se pensa na edição de um look, isso acontece somente em momentos que julga especiais. Suas roupas são simples e pouco coordenadas. Gosta de tons neutros e materiais naturais. O básico é a sua melhor escolha de todos os dias.

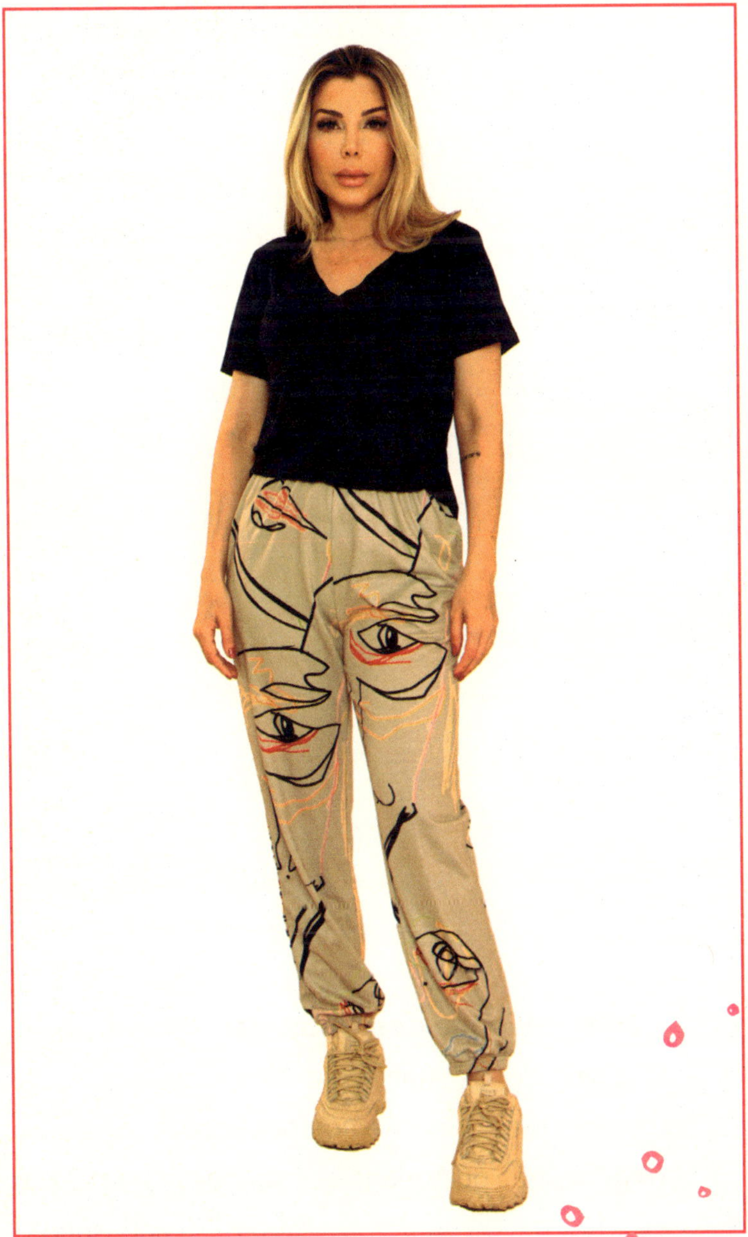

Personalidade descontraída – estilo lúdico – divertida, dinâmica e com muita energia. Sua aparência é jovial, gosta de conforto, cores cítricas e, em geral, traz personagens estampados em suas roupas ou acessórios.

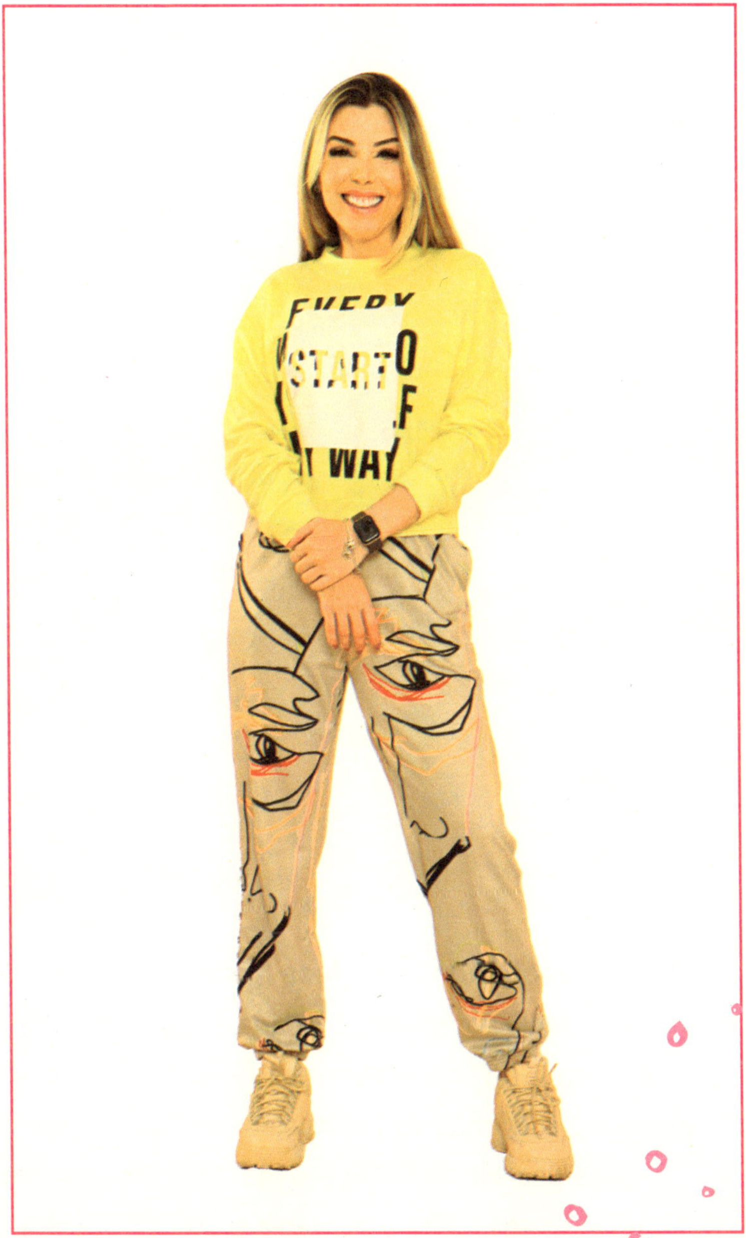
START

Personalidade atenciosa – estilo romântico – pessoa gentil, nostálgica, solidária e muito querida. Demonstra ser acessível, vaidosa, dedicada e compreensiva. Gosta de detalhes de forma delicada, cores pastéis, texturas suaves. Sua simpatia se reflete nas roupas e contagia todos a sua volta.

O FIM DO MEDO DE APLICAR A ANÁLISE DE CORES 81

Personalidade impactante – estilo dramático – determinada e forte. Não se importa nem um pouco com a opinião alheia. Ela gosta mesmo é de impactar todos a sua volta. Desproporções, exageros e muita ousadia fazem parte da sua comunicação não-verbal. Tudo o que for de perfil "max" e inusitado é bem-vindo.

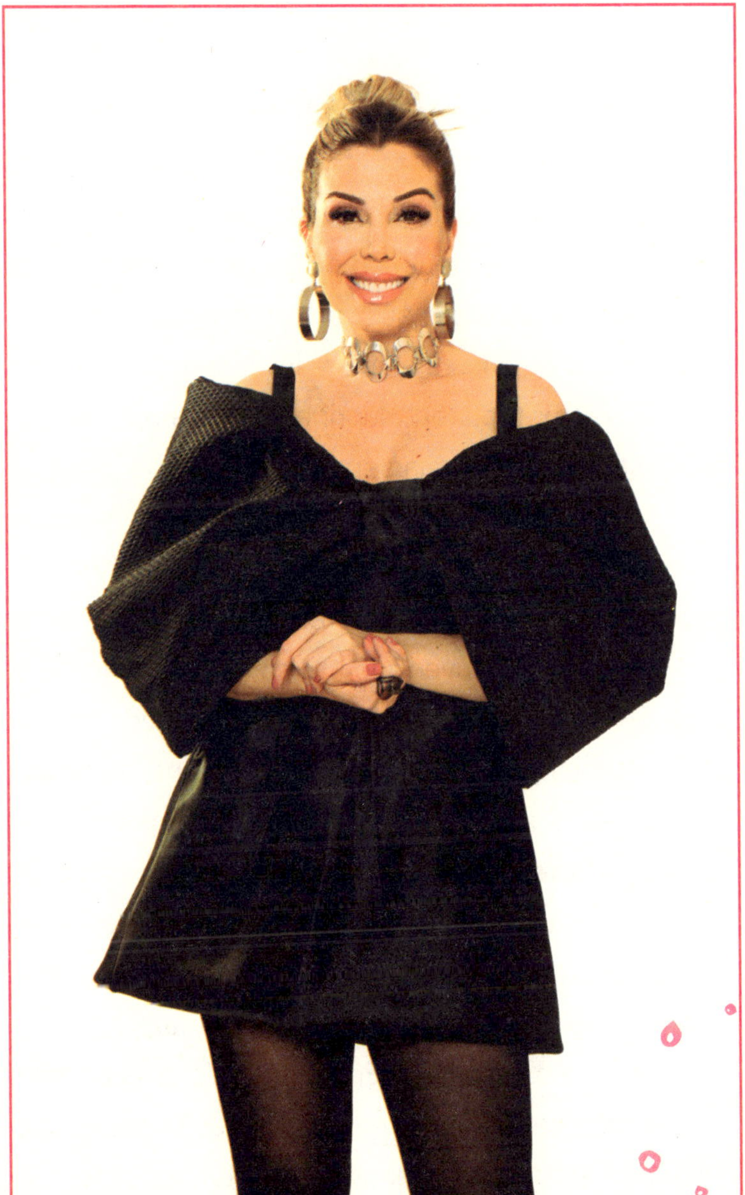

Personalidade magnética – estilo sensual – costuma ser o centro das atenções, segura, corajosa e autoconfiante. Quem carrega esse estilo na essência é dono de todas essas características. Ao contrário de pessoas que tentam chamar a atenção para serem notadas e acabam levando uma imagem negativa por tentarem suprir alguma perda ou falta. Costumo dizer que a sensualidade foi Deus quem deu e ela está dentro da pessoa sem nenhum objetivo negativo. Aliás, não é necessário estar com o corpo todo à mostra para expressar a sensualidade, e a vulgaridade vem de um comportamento. Até mesmo com o corpo todo coberto pode acontecer o comportamento vulgar. Então, não se pode confundir e precisamos respeitar o estilo de cada pessoa. Ela gosta de cores intensas, pois ela é intensa, cheia de charme e marcante. Aprecia brilho e brilha por onde passa. Gosta de cuidar do corpo. Pessoas inseguras fazem pelos outros, pessoas seguras fazem por si, que é o caso dela. Então, quando uma pessoa verdadeiramente carrega os valores desse estilo, consegue "ser" sem nenhuma pretensão porque é despretensiosamente glamourosa.

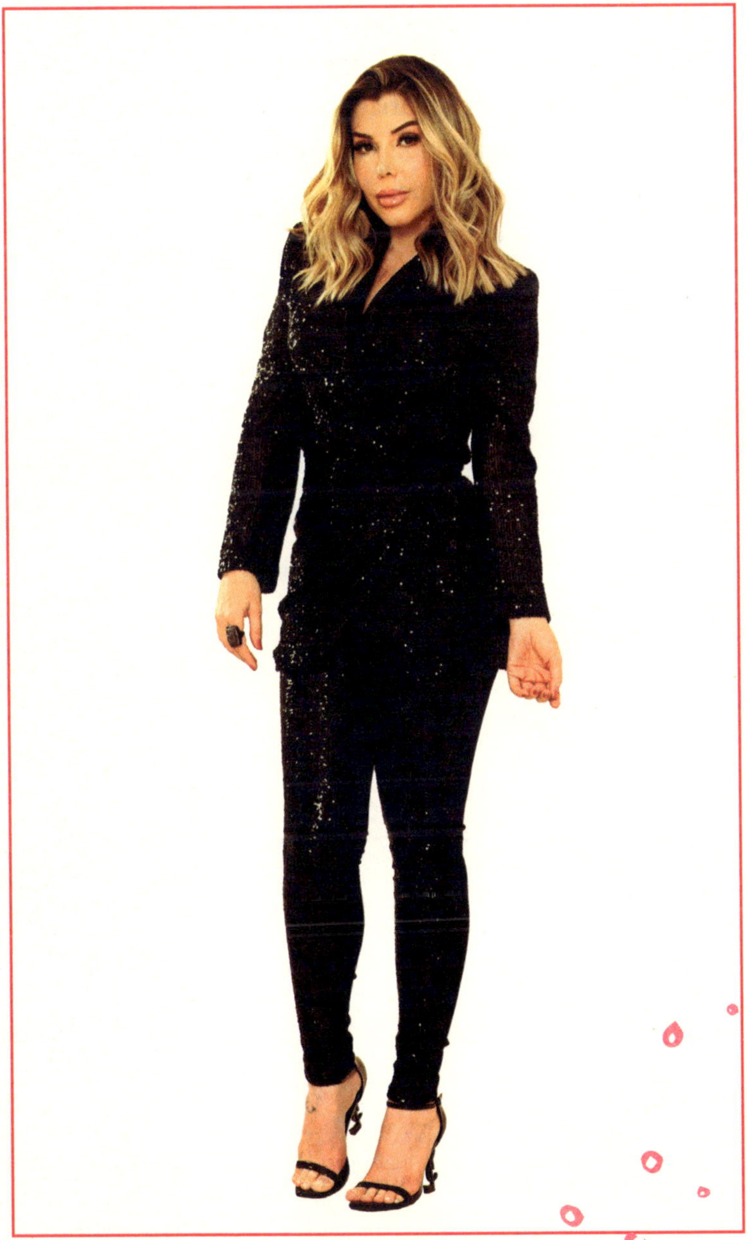

Gostou e se identificou? Estamos apenas começando e formando conceitos que serão usados amanhã, o que torna nossa responsabilidade mais desafiadora e prazerosa. Um último versículo deste capítulo pode explicar isso melhor, antes de migrarmos para o visagismo:

> "Deus vê com bons olhos aqueles que bem-intencionados estão com a transformação do próximo." – Cihpuma 8,5

CAPÍTULO 9, VS 1 A 6

O papel do visagismo

Peço a sua permissão para contar uma pequena história da vida real, um capítulo da minha vida que pode inspirar os seus caminhos.

Para o artista plástico Philip Hallawell, pioneiro no tema, visagismo é a arte de revelar o que há de melhor na identidade de um ser humano através da harmonia e da estética.

Tive a grata felicidade de estudar e beber direto dessa fonte primária viva. Ocorre que em nenhum lugar do mundo você encontrará mentores eremitas. Cada mentor em determinado assunto também tem seus mentores.

No caso de Hallawell, durante o curso que fiz com ele, esse artista plástico citou muito uma pessoa que me pareceu ser um dos seus mentores, o neurobiologista Roger Sperry, vencedor do prêmio Nobel ao lado de seus parceiros David Hubel e Torsten Wiesel por conta das bem-sucedidas pesquisas que separavam as funções do cérebro, sendo o lado esquerdo para um grupo de decisões mais retas e lógicas; e o lado direito um hemisfério dedicado a concentrar-se em assuntos mais subjetivos ou emocionais.

Durante o curso, com essas tantas menções de Hallawell ao trabalho de Roger Sperry, lembrei-me que fazia todo sentido porque anos atrás, nos tempos de Faculdade de Moda, usei o livro "Desenhando com o lado direito do cérebro" enquanto aprendia as técnicas de desenho, já que naquela época, devo confessar, eu mal sabia desenhar. Aliás, vou mais longe: o meu ingresso nesse curso tinha um motivo empreendedor, pois eu administrava uma grife de roupas "mãe e filha" e precisava conhecer o setor.

Como a vida sempre coloca mentores em nosso caminho, tive uma professora que disse: "Jhanne nunca mais repita isso" no momento em que desacreditei de mim e disse a ela que eu não tinha o dom de desenhar. Graças a essa devolutiva positiva, fui em frente e cheguei até aqui conquistando o que sonhei, com essa lição gravada na mente.

Os tantos mentores que passam por nossa vida acabam indicando o melhor caminho, seja através de uma lição direta ou indireta, de uma inspiração pontual ou uma fagulha que desperta um grande *brainstorming*. De volta ao Brasil, eu que já fazia consultoria de imagem utilizando as bases da análise de temperamento Philip Hallawell, passei a inserir também o trabalho do mestre de meu mestre, o neurobiologista e prêmio Nobel Roger Sperry, imprimindo testes que me permitiam conhecer bem melhor a cliente, o que trouxe resultados ainda melhores para as nossas consultorias.

> "Se você pretende construir algo grandioso, permita-se ter os seus mentores e conhecer a fonte primária da matéria, o pioneiro, aquele que trouxe o tema e ofereceu para a sociedade." – Cihpuma 9,1

Sabe quais podem ser as principais respostas para uma sugestão dessa natureza?

Basta pedir que a pessoa vá conhecer a fonte primária, o mestre e lá vêm argumentos. Confira e, logo em seguida, verifique também o que a CIHPUMA tem a dizer.

> *— Não tenho tempo nem agenda para participar de cursos.*

"Quem não pode ir presencialmente em busca de conhecimento, deve primeiro procurá-lo do jeito mais completo, via internet. Nossas mídias digitais reúnem muitas horas de soluções gratuitas em vídeos, textos e imagens. Ou seja, o argumento de não ter tempo pode esconder, na verdade, o hábito de sabotar as próprias chances de evoluir." – Cihpuma 9,2

Inclusive, o ambiente on-line muitas vezes é a melhor solução para reduzir o investimento da consultora em tempo e dinheiro, para que ela consiga aprender muito investindo pouco. Afinal de contas, ao ter o conteúdo disponível e armazenado, a consultora pode estudar a qualquer hora, de acordo com as suas demandas. Por exemplo, a nossa mentoria mais procurada, intitulada "do zero a consultora de imagem de sucesso", é entregue para a consultora de imagem que foca em prosperidade e boa parte do conteúdo é transmitido on-line, através de aulas gravadas, dado o alto volume de conteúdo prático e aplicável no dia a dia. Se fôssemos transmitir esse mesmo conteúdo todo de maneira presencial, precisaríamos de meses, o que deixaria a mentoria onerosa demais para a nossa cliente. Vejamos outro argumento comum:

> — *Acho desnecessário porque basta ler os livros ou ver as aulas da pessoa.*

> "Os livros e o legado em vídeo são boas estratégias para conhecer alguém que pode agregar valor ao que você faz, e sim, um recurso digital completo, substitui o contato próximo, raso e a chance de estar perto de alguém que, assim como você, sonha em transformar a vida das pessoas, com a diferença de que esse mestre talvez esteja muitos passos e transformações à frente."
> – Cihpuma 9,3

Quando conheci Philip Hallawell, tudo mudou porque pude olhar para a minha cliente além da forma externa e passei a me interessar bastante sobre quem ela é por dentro, como ela age e pensa. Hallawell me ensinou a identificar o temperamento de cada pessoa e isso me permitiu entender melhor o estilo da cliente, a partir da conexão que faço entre o visagismo, descobri o teste que revela suas tendências de maior uso do hemisfério esquerdo ou direito do cérebro e as análises de estilo, ainda na faculdade de moda.

O contato com esses mentores me inspirou a inserir em nossa C.I. um diagnóstico que permite entender suas reais necessidades e validar o presente em prol do futuro transformador que a cliente deseja.

Muitos me perguntam sobre o que trouxe tanta prosperidade para nós e embora as respostas não possam se resumir a uma e outra ação, eu diria que essa é a que fez e faz a diferença.

> "Enquanto a consultora de imagem não conhecer a pessoa por dentro, incluindo passado, valores e sonhos,

> na outra ponta terá apenas uma cliente. Ao facilitar o caminho para que possa mergulhar no autoconhecimento, passará a ser a cliente que descobriu sua melhor versão como pessoa e este é o momento crucial em que a profissional se torna Walt Disney e entrega a magia da consultoria." – Cihpuma 9,4

Em algumas palestras, recordo-me de levar uma pergunta que deixava em evidência no auditório: *por que você se veste da forma como se veste?*

É a reflexão que mudou o mercado, pois se um dia as consultorias focaram em procurar certo e errado, pode ou não pode, agora nós consultoras de imagem temos a oportunidade de procurar entender os porquês dela e as consequências que o passado ou presente podem ter gerado na vida presente, nas escolhas que faz sem perceber.

É uma grande virada de chave e possivelmente o principal motivo pelo qual o mundo passou a olhar para a consultoria de imagem como ferramenta de autoconhecimento, de libertação do cárcere emocional e dos padrões quebrados.

Realizo também uma minuciosa análise do temperamento de visagismo através das vias da face, outra etapa que ajuda a investigar o eventual estilo, os possíveis eventuais estilos secundários e, acima de tudo, ajuda a entender porque ela se veste como se veste. Mas isso é mera questão técnica entre consultora e cliente, que podemos ensinar a você caso queira nos procurar. Muito mais importante do que a técnica desenvolvida por mim e inspirada pelos mentores, é o real pano de fundo dessa etapa de aprendizado, que consiste em entender o seguinte: agindo assim, a consultora sente mais segurança para oferecer o seu melhor e a cliente também sente que está em boas mãos para receber esse apoio.

Compreende o que mais se busca numa consultoria?

A segurança de que ambas estão no caminho desejável, que é o da transformação positiva, dos sonhos que a cliente retira do papel e realiza na vida real.

Ao passar a me conhecer melhor, recurso gerado pela consultoria de imagem, o benefício está muito além da roupa e do estilo que mudaram: passo a saber quem eu sou como mulher, mãe e diante de tantos outros papéis assumidos. É praticamente um renascimento.

Após tantas investigações, aplico cinco etapas para ter a certeza do estilo da cliente. Percebe como isso é sério? Temos a chance de permitir que a cliente vista-se de si, diferentemente do que costuma acontecer sem orientação da C.I., pois já vi casos em que a cliente "veste-se do trabalho" mesmo estando em outros ambientes, perdendo-se de quem realmente é por causa da profissão assumida.

E creia: acontece com mais frequência do que possa parecer.

> "Desenvolvendo testes a partir da minha história, descobri meios para ajudar a pessoa a resgatar ou conquistar a direção de sua história e isso não tem preço."
> – Cihpuma 9,5

Em resumo, quando os assuntos envolverem visagismo e predominância de estilo, venha para o novo testamento e permita-se repaginar o antigo testamento que baseava essas importantes etapas apenas usando perguntas e respostas simples.

"Você está formando o legado de uma consultora de imagem e, para isso acontecer, é preciso dotar-se da certeza de que tem feito a diferença na vida das pessoas, o que inclui pensar e agir diferente." – Cihpuma 9,6

CAPÍTULO 10, VS 1 A 11

F4C - Freedom for Colors

A abreviação não traz o número 4 por acaso. O nosso método não repete somente as três características de uma pessoa e sempre considero uma ou até mesmo, duas a mais, oferecendo assim a liberdade de levar em conta a individualidade, a essência humana. Em alguns casos, até cinco características podem ser levadas em conta, trabalhando a repetição em maquiagens e acessórios quando as outras possibilidades forem permitidas, desde que não desfavoreçam a cliente.

O conceito do método se concentra em não seguir regras rígidas, sendo que qualquer metodologia deve ser usada como direcionamento, porém jamais como regra.

Talvez eu encontre uma pessoa que não me permita usar mais do que as três características dela. Isso vai contra os conceitos da nossa metodologia? Sim. Porém, a particularidade da cliente é mais importante do que a nossa metodologia. Assim como os demais, o nosso método é apenas um direcionamento, de modo que apresentamos as possibilidades para a cliente e a decisão é toda dela.

Vejamos um exemplo. Se as características da pessoa forem profundidade escura com intensidade opaca e temperatura quente, as cartelas de cores em tese devem repetir as mesmas características.

Por outro lado, vou trazer a reflexão para o campo pessoal e citar o meu exemplo: tenho pele fria com intensidade brilhante e profundidade média. Apesar disso, uso cores opacas porque os meus olhos são quentes e opacos, os cabelos têm um tom loiro quente e opaco, enquanto a minha pele é intensa. Qual é a solução? Simples: eu uso duas cartelas, uma opaca e quente, outra intensa e fria. Quando faço isso, a maquiagem e o acessório acompanham a cartela, o que torna possível deixar até mesmo a pele mais opaca com a maquiagem se for necessário (não faço isso em toda a pele, apenas em sombras, *blushes* ou batons), nem preciso colocar tudo opaco somente porque estou com uma cartela opaca. Em vez disso, devo permitir que o predomínio do opaco me favoreça.

Na mesma linha, para que você entenda esse processo, também tenho uma cartela que contém cores intensas e quando opto por ela, uso maquiagens e acessórios de acordo com essa cartela. É uma opção para todas as mulheres? Não.

Cada pessoa terá o seu mundo de possibilidades. Desenvolvi essa técnica exclusivamente, testando muitas possibilidades em mim e nas clientes, seguindo o direcionamento de que harmonia é repetição.

Então, tenho sempre comigo base quente e fria, batons e sombras opacos e brilhantes, justamente para mudar a cartela caso precise ou sinta vontade.

Percebe a liberdade por trás do relato? Observe que eu não disse "sou obrigada", pois, antes de mais nada, a nossa vontade deve ser soberana.

Essa técnica não se aplica em **todas** as características, razão pela qual a análise é personalizada. Ainda assim, sempre vai haver uma característica que vai gerar liberdade para a cliente. Por exemplo: tenho clientes morenas que são de profundidade escura, pele quente e intensidade brilhante, características que em teoria não me permitem usar uma base fria, nem me permitiria colocar uma cor clara e opaca, mas pode permitir o uso de uma cor escura e opaca, mesmo tendo pele intensa.

Em resumo, deve ser investigado e testado o que é importante para cada pessoa. Digamos que Maria tenha uma liberdade maior com as características das cores. Pode ser que sua amiga Joana verdadeiramente não seja favorecida com muitas características.

Com certeza, Joana não precisa ficar presa a apenas três características da cor. Existem outras possibilidades, usando técnicas de repetição e valorizando o que é predominante para cada pessoa.

Concorda que é possível colocar uma pele opaca, iluminada?

Concorda que é possível usar uma cor opaca em um tecido brilhante?

Quem está começando como consultora de imagem pode encontrar muita, mas muita dificuldade para identificar a temperatura de uma cliente. Talvez isso aconteça porque a temperatura não é tão importante àquela cliente.

Será que essa cliente não sente maior liberdade com mais de uma temperatura?

A consultoria de imagem veio para libertar e não para prender, e a análise de coloração também deve gerar essa liberdade.

Nesse sentido, seria possível que uma cliente mudasse a cor de seus cabelos e também mudássemos a cartela de cores dela? Claro que sim. Porém, nunca será 100% limitado e sempre haverá uma solução, uma outra possibilidade que não a prenda.

É por isso que existem tantas técnicas na consultoria de imagem, e como é maravilhoso fazer parte disso, mostrar e oferecer a uma liberdade que muitas vezes a cliente nem sabia que tinha.

> "As cores não precisam dar destaque e sim harmonia ao semblante." – Cihpuma 10,1

Dentre essas técnicas, a consultora necessita avaliar o contraste e as características predominantes sem se prender somente às três características, pois dentro de uma análise personalizada de cores se descobre que a primeira característica que pode ter sido importante para a cliente A não seja tão relevante para a cliente B ou vice-versa. Portanto, consultora, personalize as cartelas de cores da cliente e jamais a trate como se fosse a representante de um padrão firmado.

Nosso método procura ser mais lógico e sempre visa gerar a liberdade de escolhas, ensinando que é possível até retirar ou diminuir a iluminação e a intensidade do tom de pele com pó (maquiagem), assim como é possível alterar a temperatura dos cabelos ou alterar a cartela de cores em busca de harmonia com os cabelos, que também exercem bastante predominância.

Se a pessoa decide mudar a cor dos cabelos, nossa metodologia não a deixa presa à obrigação de usar um tom que harmonize com a pele, mas é claro: tudo precisa ser analisado caso a caso, de forma personalizada.

Vejamos um exemplo. Se a pessoa que tem profundidade escura de pele (morena de temperatura quente), decide optar por cabelos de tons claros e platinados, automaticamente ela está assumindo uma temperatura fria nos cabelos e uma profundidade clara. Ou seja, mesmo que a consultora trabalhe uma cartela de cores fria para essa cliente, ainda assim terá dificuldade na harmonização, porque a pele da cliente exemplificada é muito quente e tem profundidade escura. Qual seria a possível solução? Levar a cliente à conscientização. Para uma outra cliente, que predominância permite a mudança, qual seria a possível solução? Usar a técnica de repetição dessas características. E por que estou exemplificando tão detalhadamente? Para que a consultora entenda que a maquiagem, a cor das peças e os acessórios podem ser utilizados de forma personalizada e tal qual fazemos no método F4C, mudar a intensidade da pele e trazer outras alternativas é uma estratégia que evita a desarmonia e respeita a vontade da cliente.

Em resumo, é um universo de possibilidades e nenhum detalhe pode ser deixado de lado. Os cabelos, a cor dos lábios e dos olhos, todos os elementos devem ser avaliados e potencializados para agregar no conjunto da harmonização.

Avançando cada vez mais na consultoria e conhecendo melhor a sua cliente, a etapa das cores abre caminho para que a cliente saiba quem é, conheça e reconheça sua personalidade a partir do autoconhecimento e saiba na própria essência o que a faz sentir bem. Com todas essas informações identificadas, tanto a C.I. quanto a cliente sentem que estão prontas para mais reconstruções. E que fique bem evidenciado:

> "Não se trata de criticar o que já existe e sim de melhorar a consultoria de imagem a partir de técnicas novas."
> – Cihpuma 10,2

Para fortalecer ainda mais a compreensão sobre a importância das cores e do que há por trás delas, isto é, os sons, a temperatura, o gosto, os sentimentos, o simbolismo, o movimento e o estado de espírito, gostaria de compartilhar com você um fragmento do trabalho de Wassily Kandinsky, artista plástico russo que se especializou em artes visuais.

Nessa perspectiva, o amarelo, por exemplo, é uma cor de temperatura quente, tem gosto de abacaxi. O movimento da cor é excêntrico, tem som de apito, é furioso e, por isso, simboliza "explosão".

Já o azul é a cor de temperatura mais fria e traz sons graves como o do elefante. Tem sabor de figo, carrega o sentimento de paz e se mostra uma cor imaterial, capaz de despertar no ser humano um profundo desejo de pureza e contato com o divino.

Então, observe a inspiração que o trabalho de Kandinsky nos oferece sobre a variação das cores e os sentimentos por trás dessa diferença: em benefício da cliente, nós consultoras não podemos e nem devemos enxergar o universo das cores de maneira única ou rígida, razão pela qual é tão importante flexibilizar a cartela conforme a necessidade da cliente, motivo pelo qual o nosso método faz tanto sucesso. Você, consultora, também há de conquistar sua posição no mercado, desde que observe as cores da cliente da forma mais abrangente possível.

O conhecimento técnico que adquiri com o método sazonal expandido me permitiu criar o F4C, processo que fiz nascer assim que percebi a necessidade de inserir na fase de cores uma atenção especial para evitar padrões.

Nos tempos de antigo testamento do método sazonal expandido, a recomendação das consultorias é de que a cliente da coloração de pele quente não usasse cabelo frio. Em contraponto tive, por exemplo, clientes ruivas que por tendência natural têm na coloração pele parcialmente fria e cabelo quente.

Ocorre que Deus a criou assim e os seus tons naturais merecem ser valorizados, pois do contrário a consultora teria que pedir, por exemplo, para a cliente ruiva de tom natural e "tom de pele frio" abrisse mão do tom de seus cabelos, o que não faria nenhum sentido. Ou seja, por mais que eu admire e seja grata à metodologia do sazonal expandido, precisei entender que chegava o momento de transformar e criar um método que pudesse chamar de "nosso", levando o conhecimento do velho ao novo testamento, para que a cliente consiga validar a sua cartela personalizada de cores, se esse for o seu desejo.

Isso significa que a C.I. deve considerar que existem falhas no sazonal expandido? Podemos desvendar a questão com um novo versículo da CIHPUMA.

"Em consultoria de imagem não existe certo ou errado. O que existe mesmo é a oportunidade que a consultora

> tem em mãos para evitar que a cliente fique presa a somente uma estação de cores." – Cihpuma 10,3

> "Toda C.I. deve ter em mente que a consultoria vem para libertar e traçar o caminho para que a cliente faça escolhas conscientes, alinhadas com a sua personalidade e as suas necessidades." – Cihpuma 10,4

A cor preta é outro exemplo de tom que algumas consultorias procuram evitar com as clientes que não têm essa tonalidade em sua cartela de cores. Posso dizer após tantas experiências bem-sucedidas com clientes que tinham a predominância das cores claras e contraste baixo: não é bem assim. Ocorre que muitas pessoas amam a cor preta e devem ser atendidas, desde que a C.I. preze pela harmonia, usando a técnica da repetição, com uma maquiagem mais forte ou um acessório de cabelos, por exemplo.

> "A harmonia da imagem é formada por um conjunto de análises, técnicas e ações." – Cihpuma 10,5

Assim feito, a C.I. proporciona à cliente a sensação de estar bem representada com a cor que gosta porque o tom preto é muito solicitado por quase todas as pessoas, tenham profundidade clara ou não, cabelo claro ou não e cabe validar outras duas questões.

> "A consultoria do século XXI, alinhada ao novo testamento que marca uma era de escolhas livres, não defende proibições." – Cihpuma 10,6

> "Se a cliente gosta e lida bem com as suas cores naturais, o papel de atenção e orientação da consultora é encaixar acessórios e elementos que permitam o uso dessa cor, sem jamais proibi-la." – Cihpuma 10,7

Evidentemente, o preto é só um exemplo, uma característica que não seja predominante, assim como um estilo não pode aprisionar. Ou seja, o fato de a C.I. ajudar a cliente a harmonizar uma tonalidade por ela apreciada não significa que deva transformar a cliente em dependente dessa cor. Pelo contrário, a cartela de cores da cliente pode e deve ser usada com a máxima versatilidade possível.

> "A cliente não merece ser escrava de uma só cor por não conseguir ver outra opção que lhe caia bem, assim como não merece ficar dependente do colorido. Com tudo em equilíbrio, quanto mais segura e ciente de quem ela é, maior será a certeza sobre a sua imagem projetada para si e para o mundo." – Cihpuma 10,8

> "Quando a gente mergulha na inteireza divina do autoconhecimento, a imagem que passamos a apresentar acompanha essa segurança e seja no trabalho ou nos papéis assumidos nas demais frentes, todos percebem a transformação pela qual passamos, pois se conhecer de verdade é a chave libertadora do potencial que temos para assumirmos a melhor performance em todas as áreas. Ser a ponte para que isso aconteça deve ser o núcleo do trabalho de uma consultoria de imagem e pode ter certeza de que Deus se agrada ao ver os seus filhos conhecendo tudo o que Ele lhes deu para que fossem plenos." – Cihpuma 10,9

Você provavelmente notou que venho insistindo na questão da liberdade e faço assim porque dois temas que não se alinham é a imagem que representa quem você é por essência e o aprisionamento a cores, elementos e peças. Deus fez a mulher para que fosse livre e assim merecemos agir. Por exemplo, eu posso usar uma determinada peça e saber que fiquei com um pouquinho menos de quadril ou saber que um certo acessório diminuiu um pouquinho a minha estatura, pois é possível compensar essas questões pequenas com várias estratégias. O nome disso é liberdade e se fosse o contrário, estaríamos prisioneiras do "não pode". Temos o direito de olhar para o reflexo do espelho e dizer:

– Está tudo bem assim. Estou consciente de que essa cor está me desfavorecendo um pouco, porém compenso com esses outros recursos porque gosto e me faz bem.

Sente como é libertador ver a situação dotada de consciência e ter a certeza de que mesmo assim estará bem?

Quando a cliente usa o que não a favorece totalmente porque quer assim e não porque desconhece outras opções, a consultora pode celebrar porque sua missão tem sido cumprida.

Diante de todos os argumentos que ofereci, repare que batizei essa etapa de nossa metodologia de F4C porque é exatamente o que acredito:

> "Sem o conceito da liberdade valorizado e alimentado pela consultora a todo instante, a imagem da cliente se baseará somente na metodologia, o que representa um risco alto para o sucesso de ambas." – Cihpuma 10,10

Certa vez, uma aluna fez uma pergunta nesse caminho.

– Jhanne, se eu mostrar o que é harmônico conforme a metodologia e mesmo assim permitir que a cliente faça o que quiser, quando as coisas não derem certo lá na frente ela não me cobrará por seus resultados?

A resposta que dei para a aluna provavelmente há de ajudar você nesta análise e a transformo em versículo de nossa humilde bíblia.

> "Não se trata de permitir que a cliente faça o que quiser e escolha qualquer peça, cor ou acessório. A nossa missão é mostrar a delicada relação entre o que ela gosta, o que valoriza e traz harmonia à sua imagem. Quanto ao que desvaloriza em alguma medida e mesmo assim a cliente aprecia, cabe a nós consultoras mostrarmos essa realidade e encontrarmos acessórios, elementos ou cores que compensem algum desfavor gerado pela preferência dela. Precisamos ser verdadeiras, atenciosas, gentis e respeitosas. Se a escolha da cliente (que é soberana) for respeitada e a habilidade da consultora der conta de reparar ou ajustar os elementos dessa escolha, a consultoria de imagem será bem-sucedida e isso eu posso garantir após incontáveis consultorias aplicadas."
> – Cihpuma 10,11.

Assim esclarecido, estamos prontas para mais um capítulo.

CAPÍTULO 11, VS 1 A 3

Inovação e transformação

Durante o nono capítulo comentei que em nossa metodologia o trabalho pioneiro de Philip Hallawell é utilizado na etapa de visagismo, mas não como única referência. É o que desejo sugerir em sua consultoria de imagem, para que no futuro o segmento da consultoria de imagem continue se renovando:

> "Siga a metodologia dos mentores que estão no mercado desde o antigo testamento. Na medida em que a sua experiência identificar que novas técnicas podem ser criadas ou transformadas, se fizer sentido para você forme opinião e traga as boas novas." – Cilipuma 11,1

Um especialista de mercado comentou comigo que se eu sugerisse para a consultora de imagem trabalhar de forma inovadora e transformadora, seria algo contra o meu negócio, pois deixaria as nossas consultoras muito independentes. Tratei de discordar na hora:

– Prefiro formar consultoras de imagem com um conteúdo bem aprofundado, que amanhã se tornarão formadoras de opinião como eu. É o certo, é o que está de acordo com a minha fé nas pessoas e em Deus. Longe de mim treinar profissionais para que fiquem dependentes da minha metodologia.

A resposta que dei a ele tem congruência e está de acordo com a maneira que exercito a minha missão profissional de prover autoconhecimento em favor da imagem bem representada. O conteúdo da nossa bíblia mostra que eu mesma aplico o que aprendi na faculdade e nos cursos mundo afora, mas, aos poucos, com muita experiência vou criando métodos próprios. Se é assim que traço os meus movimentos profissionais, da mesma maneira recomendo, pois desejo que a prosperidade que encontrei esteja presente também na vida das demais consultoras.

As escrituras sagradas trazem em Eclesiastes 5:19 um trecho interessante sobre o assunto, que diz: [... e, quando Deus concede riquezas e bens a alguém e o capacita a desfrutá-los, a aceitar a sua sorte e a ser feliz em seu trabalho, isso é um presente de Deus].

Então, desejo que o presente que eu recebi de Deus no sentido de transformar a vida das pessoas também seja recebido por quem se esforçar e colocar em prática tudo o que tem aprendido em nossa bíblia.

Voltando ao tema de inovar e transformar, além do estudo de temperamento, procuro trabalhar o equilíbrio visual de outra forma.

Por exemplo: se o rosto da pessoa é oval, o uso de acessórios ovais faz com que as mesmas linhas estejam harmonizadas e tudo bem, é o que se estabelece, é o que se costuma fazer em benefício da cliente. Contudo, há situações em que o equilíbrio visual precisa da inovação e da transformação que não podem faltar ao olhar atento da consultora de imagem, principalmente se algum relato de insatisfação surge com essa mesma questão, como foi o caso de nossa cliente Carlinha (nome fictício, história verdadeira).

– Jhanne, eu procurei uma pessoa que atendia pela internet e me propôs fazer consultoria de imagem por pacote. Fechei com ela a etapa de acessórios e não gostei porque a moça me rotulou demais, disse que eu tenho o rosto quadrado e só posso usar coisas quadradas. Acontece que não quero mais usar óculos, brincos ou decotes quadrados porque me olho no espelho e acabo ficando com a impressão de que estou toda quadrada.

Carlinha não é a única a passar por isso. Se o rosto da mulher é redondo, pode ser que ela tenda a evitar um corte de cabelos arredondado para fugir desse estereótipo.

Quando encontra situações dessa natureza, a C.I. não pode se basear somente naquilo que apontam as técnicas do visagismo ou nas anotações que fez das características físicas e psicológicas. Transcendendo essas informações que também têm alto grau de importância, a C.I. pode procurar o equilíbrio visual com inovação e transformação, razão pela qual a experiência da consultora possui tanto peso na balança quanto tem o peso das técnicas já consagradas. Considerando ainda o exemplo de Carlinha, a C.I. poderia usar a técnica de repetição ou a técnica de comunicação da linha e das formas. Ou seja, o visagismo oferece diversos caminhos e possibilidades.

Sabe quando a cliente diz que algo em seu rosto a incomoda e ela não sabe dizer exatamente o quê? Pensemos: se o meu rosto é redondo, e for adequado trazer uma linha reta para os cabelos e usar óculos quadrados pode reduzir o incômodo que a cliente tem ao perceber as linhas se repetindo, com a diferença de que a cliente não fará essa análise mais técnica e normalmente, há de relatar só que "não gosta de algo em seu rosto".

É a chance que temos para promover o resgate da autoestima porque não existe "rosto errado".

> "O melhor e maior fruto da criação de Deus, e claro que me refiro ao ser humano, merece ser valorizado tal qual é, sendo que se torna papel da consultoria encontrar e despertar todo o potencial que o semblante pode trazer para a cliente, sem jamais comprometer a vontade dela." – Cihpuma 11,2

Deus nos fez à sua imagem e tudo o que precisamos é de autoconhecimento para entender quem somos e conhecimento para contornar questões simples ou minuciosas.

É assim que a C.I. ajuda sua cliente a trilhar a rota da liberdade de escolhas, despadronizando, evitando ver o problema de uma como o da outra. Lembrando: pessoas diferentes exigem ações ou intervenções também desiguais, tal qual o gênio Albert Einstein cravou ao dizer que [... "insanidade é fazer a mesma coisa repetidamente e esperar resultados diferentes"].

Outra análise a respeito do mesmo tema é que a harmonia não pode ser fruto de uma busca cega a qualquer preço, como se a vida da cliente dependesse da relação harmônica entre cores, peças e acessórios.

Em algumas situações, a cliente encontra a felicidade ao não harmonizar todas as suas formas e cores. Por exemplo, quem escutou da mamãe desde a infância até a pré-adolescência que não podia escolher as próprias roupas porque "não sabia ornar uma peça com a outra", chega à idade adulta procurando a "não-harmonia", quase sempre de maneira inconsciente (daí a necessidade de procurar o autoconhecimento e investigar o passado em prol do presente e do futuro). No fim, o ganho dessas investigações só resulta em um caminho, o de ver-se livre para fazer escolhas porque quer e se conhece.

Peço que entenda a base da argumentação, C.I.: não estou sugerindo a desarmonia até porque a harmonia é um dos principais elementos da consultoria de imagem. O que proponho é inovação e transformação quando você perceber que a cliente precisa de algo mais, de algo que vá além do método. Afinal de contas, trabalhamos com pessoas que trazem diferenças enormes quanto a perfil, essência, aparência, comportamento, atitude, ambiente em que viveu e tantas outras.

> "Resolver as demandas de todas as pessoas com a mesma metodologia é possível, mas da mesma maneira é inviável." – Cihpuma 11,3

Provando que essas diferenças podem estar nos lugares mais remotos ou mais próximos, no capítulo adiante revelarei uma história da minha intimidade sobre a pessoa mais preciosa de minha vida, para que a C.I. possa se inspirar e lidar também com a sua referência maior de amor, a família.

Sim, isso mesmo. Se me propus a entregar uma bíblia para a consultora de imagem, não posso deixar de falar dos filhos que impulsionam a nossa missão de vida.

CAPÍTULO 12, VS 1 A 4

O tempo de Deus e o seu tempo

Um dia, minha filha Lavínia disse algo que tocou forte em meu coração.

– Mãe, você está cuidando de muitas pessoas, mas tem se esquecido de mim.

Refletindo, orando e clamando ajuda para entender como reverter a percepção de Lavínia, a pessoa mais importante de minha vida, escutei uma voz, uma revelação que orientava a *vestir-me de mãe dentre as outras tantas vestimentas que usava para viver e trabalhar.*

O instante em que criei a metodologia VISTA-SE DE SI foi um divisor de águas em minha vida, pois o método me permitiu ser quem nasci para ser e, de acordo com os *feedbacks* que recebo com frequência, o mesmo acontece com as consultoras que passam pela nossa formação e mentoria.

Além do sucesso consagrado do livro que leva o mesmo nome e da chance de facilitar a descoberta de "quem sou" por essência, o método faz a gente entender e prover mais espaço aos compromissos para que seja possível voar mais alto, fazendo o que mais aprecia, motivo que nos fez escolher a borboleta como símbolo-mascote do método.

Isso aconteceu no ano de 2017 e, desde então, com o sucesso com a transformação de clientes e das redes sociais que envolvem o VISTA-DE SI, várias pessoas perguntaram se o nome surgiu inspirado neste ou naquele projeto que, por coincidência, tem nome semelhante e a resposta é não. A origem do nome veio da revelação, da voz que escutei enquanto orava procurando apoio para fazer boas escolhas e dar um novo significado àquele cenário em que Lavínia reivindicava atenção.

Na medida em que passei a ajudar minhas clientes a que se vestissem para que fossem quem vieram ser nesta vida, encontrei cada vez mais prosperidade e esse é o legado que desejo deixar a você que é ou deseja ser consultora de imagem, ou você que deseja passar por uma consultoria.

> "Vestir-se de si está além das roupas, das cores e dos acessórios. É vestir-se das ferramentas indispensáveis para cumprir o seu propósito de vida." – Cihpuma 12,1

Quanto mais pratiquei a metodologia na própria vida, melhores foram se tornando os resultados diante de Lavínia, portanto corrigindo a rota com humildade para reconhecer que criança não mente. Se Lavínia pedia atenção, com certeza estava merecendo.

> "O sucesso aproxima um número cada vez maior de clientes e um tempo cada vez menor para dedicar à família. Lembre-se disso e mude a rota para não deixar

> aqueles que ama desamparados de sua atenção." – Cihpuma 12,2

Posso firmar esse versículo Cihpuma de nossa bíblia com propriedade porque não é uma teoria e vivenciei essa situação com a minha filha.

Se estiver acontecendo o mesmo com você, não se preocupe, tenho certeza de que Deus ajudará você a organizar a agenda e aumentar sua autoridade para que o seu preço seja valorizado, mas veja bem: além da ajuda espiritual é importante cumprir a parte que nos compete. Sabe qual é?

A gestão do tempo, recurso que fez e permanece fazendo toda diferença em minha vida. Nesta área, recomendo o trabalho de minha cliente e amiga Tathiane Deândhela, autora do livro *"Faça o tempo trabalhar para você"*, além de outras obras que ela também assina em favor de quem busca uma boa relação entre qualidade de vida e produtividade. Na obra, Tathi ensina quais são as estratégias para liberar até quatro horas por dia na agenda, transformando compromissos desorganizados numa agenda produtiva e capaz de gerar uma vida melhor a partir do tempo que se libera e pode ser usado para a família, para cuidar de si física e emocionalmente, estudar, adotar *hobbies* ou fazer o que você desejar e sua essência pedir.

No manual de instruções do ser humano, a Bíblia, você vai encontrar em Coríntios 6:2 um trecho que revela como são bons tanto os tempos de Deus quanto o nosso, além do motivo pelo qual merecemos zelar por cada minuto de vida: [...ouvi-te em tempo aceitável e socorri-te no dia da salvação; eis aqui agora o tempo aceitável, eis aqui agora o dia da salvação].

> "Num contexto amplo e viajando da metáfora para a realidade cotidiana, a salvação da consultora de imagem consiste em encontrar tempo para cumprir a sua missão profissional ao mesmo tempo em que dedica amor e atenção às pessoas mais importantes de sua existência." – Cihpuma 12,3

Fácil? Nunca é. Possível? Totalmente.

Eu e Lavínia somos provas vivas de que a conciliação entre o sucesso na carreira e a felicidade em família fazem parte dos mesmos desígnios de Deus. Aprendemos e praticamos o VISTA-SE DE SI como mãe e filha, o que me permite deixar um derradeiro versículo para orientar o seu caminho.

> "Ao encontrar tempo para a família, que não sejam quaisquer cinco minutos roubados de alguma reunião que acabou antes do previsto, e sim um tempo de qualidade em que possam se curtir. Faça isso sem deixar de ser produtiva para a cliente e sem abrir mão de você, mantendo-se em boa forma física, feliz e plena, com a autoestima trabalhada e elevada." – Cihpuma 12,4

CAPÍTULO 13, VS 1 A 6

A relação da consultora com as outras profissionais

*T*odos os métodos disponíveis no segmento internacional da consultoria de imagem são válidos e como defendi em diversas ocasiões de nossa bíblia, o que propomos com a expressão do "novo testamento" é contribuir, agregar, oferecer novas visões e soluções a um setor que já possui matérias em aplicação no mundo inteiro.

Tenho profundo respeito por todos que fazem parte do nosso setor de maneira direta ou indireta: consultoras, clientes, profissionais da moda, *personal shoppers,* lojistas, estilistas, modelos, jornalistas, revistas e canais especializados.

Nas cartas de aconselhamento das escrituras sagradas há um trecho bem direto em Coríntios 12:21-26, que menciona [...o olho não pode dizer à mão: "não preciso de você" nem a cabeça pode dizer aos pés "não preciso de vocês"].

Levando a reflexão ao mercado em que nós C.I.'s atuamos, a minha visão é que somos partes indissociáveis do todo. Temos concorrentes? Sim, não estou insinuando que a conquista do êxito na carreira seja um conto de fadas.

Existe concorrência saudável e predatória em todos os setores e o nosso não é exceção. Entretanto, sabe o que precisamos e nem sempre praticamos?

Do tema central abordado no trecho das cartas aos coríntios que acabo de compartilhar: união.

> "O sucesso de qualquer setor próspero se explica pela união. Quando uma empresa sofre algum tipo de injustiça, empresários da mesma categoria se reúnem para defendê-la e não o fazem porque são bonzinhos, mas por entenderem que a injustiça de hoje contra ela será a de amanhã contra ele." – Cihpuma 13,1

Isso me faz lembrar de Salmos 128:1,2 que diz: [... Bem-aventurado aquele que teme ao Senhor e anda nos seus caminhos. Pois comerás do trabalho das tuas mãos; feliz serás, e te irá bem].

Se uma consultora é injustiçada, a outra também deveria estender a mão para defendê-la. Por exemplo, digamos que um blogueiro incapaz de entender a grandeza, a inteireza do nosso trabalho, ficou sabendo de nosso sucesso e decidiu gravar um vídeo difamando, banalizando ou diminuindo a relevância da consultoria de imagem prestada por Maria, objeto do tal vídeo.

O blogueiro exemplificado adotou duas ações negativas; a) ignorou o trecho da Bíblia Sagrada de Matheus, precisamente Mt 7:1-2, um dos mais famosos e repercutidos em todos os continentes: "não julgueis e não sereis julgados"; b) opinou a respeito de um assunto que não conhece.

Cada ser humano pode ter a opinião que desejar e não quero dizer que alguém de outros segmentos seja impedido de criticar o setor da consultoria de imagem. Claro que aceitamos críticas e, profissionais que somos, estamos prontas para mostrar a quem criticou o que é e como funciona uma consultoria de imagem, desmistificando a ideia equivocada que a pessoa possa ter ou alimentar. No entanto, é justo e razoável que as consultoras se unam em prol do futuro que pertence a todas nós e àquelas que formarmos pelo meio do caminho.

No exemplo que dei, Maria não deve ser vista como a mulher que concorre com as demais. Ela merece ser acolhida porque é responsabilidade de todas nós mostrarmos que uma consultoria de imagem pode transformar positivamente a vida de uma pessoa.

> "Um método do antigo testamento não é melhor que outro do novo ou vice-versa. As matérias se conectam, complementam e transformam o setor da consultoria de imagem, creditando a ele maior compreensão e admiração por parte dos consumidores, tanto os que estão prontos para uma consultoria quanto aqueles que desconhecem os benefícios de nosso trabalho." – Cihpuma 13,2

Em quase quinze etapas, nossa metodologia investiga aspectos advindos do velho e do novo testamento da consultoria, aborda soluções contemporâneas que trazem as novidades do segmento ao redor do mundo, além de lidar com os recursos que foram criados e adaptados por nós.

Isso faz da nossa a melhor e mais completa geradora de metodologia do país?

Só quem poderia afirmar são as alunas e clientes, mas o que eu desejo mesmo que você entenda em definitivo é a Cihpuma 13,2 porque compreendê-la não se resume a exercitar humildade, mas representa a certeza de que os seus esforços como C.I. serão recompensados.

Perceba, portanto, que o velho e o novo testamento se misturam sem certo ou errado, sem melhor ou pior, precisando um do outro.

Seja alimentando nossas mídias digitais por onde circulam centenas de milhares de internautas que desejam conhecer mais a fundo o trabalho das C.I.'s, seja transmitindo conteúdo via livro, concedendo entrevistas ou em qualquer formato de comunicação, nosso conteúdo sempre respeitará o quê e quem veio antes.

"Se temos a oportunidade de gerar autoridade e formar opinião para o dia de amanhã das C.I.'s, devemos aos pioneiros nossa gratidão pelo esforço de amadurecerem o segmento e dívida de gratidão se paga fazendo o mesmo pelas consultoras de imagem do amanhã, que precisarão entender as demandas e se encaixar no futuro a partir das informações que hoje transmitimos." – Cihpuma 13,3

"A carreira da consultora de imagem é como um ciclo por onde passam informações em diferentes graus que se renovam conforme o mundo vai mudando." – Cihpuma 13,4

Na medida em que entendemos a dinâmica da concorrência e procuramos união para o segmento, inovamos e transformamos pessoas, fortalecemos o nosso negócio e o setor em geral, além do melhor de tudo isso, que é semear um terreno fértil para a colheita das clientes e C.I.'s que um dia aproveitarão os benefícios de nosso legado formado hoje. E acredite; uma compreensão ampla como essa transforma a vida da consultora que um dia só enxergava na outra uma concorrente.

Agora você pode olhar o setor e a concorrência através de um novo olhar.

> "No lugar de temer a concorrente que temporariamente cresceu mais do que você, demonstre respeito, faça o seu trabalho com seriedade e aguarde sua vez, pois há de chegar." – Cihpuma 13,5

> "Em vez de se preocupar ou até mesmo cobiçar a concorrente que está brilhando, saiba que o reflexo dela não ofusca você. Pelo contrário, esse brilho se reflete em sua carreira, pois quanto mais a pessoa que atua no mesmo setor cresce, maior maturidade o segmento recebe, beneficiando a todos." – Cihpuma 13,6

Recebi a graça de formar muitas alunas que somam o nosso exército de consultoras. Quanto mais elas crescem, mais eu me sinto realizada, grata por realizar o meu propósito, a missão profissional que para mim é um propósito.

Alegro-me com o brilho delas e sinto que na medida em que a profissional formada por mim cresce, aumenta também o número de vidas transformadas por meio da C.I., o que faz com que o sucesso dela tenha efeitos positivos sobre o segmento, e faz com que o brilho dela jogue mais luz em minha jornada profissional. Ou seja, todas crescem quando existe generosidade e formação de legado.

Além do mais, alegrar-se com o sucesso da outra mostra que você está segura, amadurecida e preparada para ajudar as clientes. Se não fosse assim, pensemos:

Faria algum sentido a consultora sentir-se insegura com o brilho da aluna ou da concorrente e, ao mesmo tempo, atender uma cliente que deseja superar a insegurança que sente diante da própria imagem? Dotada dessa segurança, em nossa metodologia entrego tudo o que aprendi no Brasil e no exterior, em cursos, viagens, mentorias e pesquisas avançadas, além da sensibilidade profissional que desenvolvi em contato com clientes tão diferentes em todos os sentidos.

Por não restringir as informações necessárias, formo e insiro no mercado a consultora profissional capaz de crescer e brilhar mais do que eu, fato que me traz profunda alegria.

Durante a formação, ajudo na prática a conquistar clientes e juntas focamos nos resultados promissores que ela precisa para dar impulso à carreira. E, quando a consultora finalmente vai voar sozinha, fico do lado de cá torcendo pelo seu sucesso.

Pode acontecer o inverso e essa consultora não deslanchar? Claro que sim. O método é transmitido, o apoio pós-formação é concedido, tudo é calculado e informado, mas em dado momento depende da performance, da não-procrastinação de tarefas fundamentais, do estudo e da dedicação, da resiliência para ouvir nãos e seguir rumo aos sins. A boa notícia para o nosso setor é que os casos em que a consultora não deslancha são raros, pois o nosso mercado é promissor, a carreira de C.I. é considerada uma das que mais crescem no mercado de trabalho e há espaço encaixe de todas que desejam e agem em busca do sucesso.

Assim explicado, estamos prontas para mudar de tema.

Quero desde já agradecer por você estar aqui comigo, sendo que poderia estar em qualquer lugar fazendo o que achasse melhor.

Já às vias de encaminhar a nossa bíblia para o fim, percebo que estou prestes a fazer o que sonhei: entregar a você a colheita bem-sucedida de uma semeadura respeitosa que fiz com as clientes, as consultoras que formei e o setor da consultoria em si.

Por tudo isso e por estar com você nessa etapa de nossa bíblia, só gratidão a Deus pulsa em meu coração de consultora. E vamos em frente, que ainda tenho a partilhar um conteúdo que interessa muito a você. Preste bastante atenção, pois a carreira da C.I. necessita de uma sólida carteira de clientes e vou transmitir o passo a passo das estratégias para atrair clientes.

CAPÍTULO 14, VS 1 A 6

Como atrair e reter clientes para a sua consultoria de imagem

*N*as escrituras, o livro dos provérbios oferece lições valiosas que se encaixam em todas as áreas da nossa existência. Uma delas está em Provérbios 3:6, que diz [...reconhece-o em todos os teus caminhos, e ele endireitará as tuas veredas].

O versículo propõe nas entrelinhas que confiemos e acreditemos na intervenção de Deus em todas as circunstâncias e demandas da vida, sendo que essa confiança mostrará o melhor caminho que Ele escolheu para a sua vida e carreira.

Resumindo ainda mais, precisamos e merecemos confiar que vai dar certo, mas vamos entender assim: Deus fará a parte Dele e vai dar todo o amparo para a carreira de consultora que você escolheu para transformar vidas, mas Ele espera que você cumpra o seu papel, o que me leva a resumir cinco estratégias para que faça a sua parte e dê os seus passos estratégicos no rumo da realização profissional.

Vou resumir em cinco versículos de orientação da Cihpuma o que você pode e deve fazer para encontrar a prosperidade na carreira de C.I. e desde já ofereço a orientação central: faça de fato.

Não cometa a insanidade de esperar que o seu sucesso caia do céu. Deus nos dá saúde, determinação, múltiplas capacidades, inteligência e força, então devemos usar esse conjunto. E tem mais: não deixe para o mês que vem.

Estipule uma data para colocar suas ações em andamento, siga a dica de gestão do tempo que deixei na Cihpuma 12,3 e comece o mais breve possível.

Vamos dar início?

> "Ame a mulher que se tornou, pois você lutou para ser quem é hoje. Além disso, a sua imagem deve ter coerência com o que você vende." – Cihpuma 14,1

Nada faz menos sentido do que tentar vender uma consultoria transformacional, se a imagem da consultora não parece transformada.

Ame-se, zele pela autoestima, orgulhe-se de tudo o que fez até aqui e cobre-se para fazer ainda mais, para estudar, pesquisar, viajar, frequentar congressos e aprender com autoridades do nosso segmento, seja no continente que a fonte da informação estiver.

O mestre ou a mestra que você admira ministra trabalhos na Europa? Vá.

Não consegue hoje?

Programe-se, faça reservas financeiras, eduque-se e estipule uma data para cumprir.

Outra questão é que a sua imagem precisa estar alinhada com a mensagem que você transmite e vende. Se o seu público-alvo é formado por executivas, a sua imagem deve comunicar o quê e para quem você executa sua missão profissional.

A sua imagem pode fazer duas coisas por você: vender e "desvender". Se estiver alinhada, em total congruência com o que você se propõe a entregar na consultoria, a imagem bem representada facilitará a venda e caso contrário, a "desvenda" é garantida porque se existe uma habilidade que toda cliente possui é identificar algo que a incomoda na profissional diante dela.

Tenho certeza que você entendeu e, agora, vamos à segunda.

> "Gere autoridade, pois a pessoa que se propõe a transformar o semelhante se torna naturalmente uma formadora de opinião e das tendências." – Cihpuma 14,2

Eu cresci muito na carreira e gerei autoridade em nosso setor fazendo o que Jesus ensinou em uma das suas mais profundas lições: dividindo o pão. No meu caso, sempre tive o hábito de dividir o pão sob a forma de conhecimento.

Nas redes sociais, em meus livros, nas entrevistas, palestras ou eventos em geral, uma busca rápida no site de busca com o meu nome mostrará a você que eu não me economizo ao gerar conteúdo gratuito. Eis aí a orientação que deixo:

Gere autoridade dividindo o conhecimento que você vai adquirindo conforme a sua *experiência* vai aumentando.

Dê dicas, grave vídeos curtos, *lives* longas, esvazie-se de conteúdo sem aquele típico receio do antigo testamento, no sentido de "se eu der tanta informação, a cliente não me contratará".

Lembre-se de tudo o que ensinei em nossa bíblia. As metodologias são importantes, porém cada cliente é um universo e o que serve para uma nem sempre serve a outra. No fim das contas, mesmo com os métodos e recursos, quem faz a diferença é **você**.

Não estou sugerindo que compartilhe todos os seus assuntos estratégicos. Você pode usar, por exemplo, o método de Pareto, segundo o qual 80% do que acontece vêm de 20% das causas.

Trazendo para a sua realidade, se a você fizer sentido, dê 80% do conteúdo e reserve aqueles 20% que são exclusividade sua. Ou, se fizer mais sentido o contrário, partilhe 20% e tudo bem. É o que você consegue dar hoje? O.K., quem sou eu para julgar?

Mas dê algo, divida o pão sob a forma de conhecimento e você será recompensada com a geração de autoridade.

Posso atestar e dizer com bastante conhecimento de causa: quanto maior for a sua generosidade em partilhar o pão (conhecimento), mais seguidoras irá atrair e essas pessoas se espelharão em você, com grandes chances de que se tornem clientes amanhã, tal qual aconteceu comigo diversas vezes.

Outra estratégia para gerar autoridade é fazer como eu (observe a coerência total, pois só recomendo aquilo que eu faço) e compactar o seu conteúdo em livros físicos ou *e-books*, mostrando ao mundo quem é você como consultora de imagem, não se esquecendo da ética profissional e citar nomes dos responsáveis pela metodologia que estará compartilhando.

No caso de criar um ou mais livros, não é fácil, exige muitas e muitas horas debruçada sobre o computador para criar os textos com paciência e amor, mas a recompensa chega por meio de bons relatos dos leitores, dos testemunhos alegando que a vida foi transformada com a leitura e até de clientes, que se aproximam por meio do seu partilhar no livro, que conheceram você numa prateleira de livraria ou enquanto navegavam em uma rede social e se depararam com as suas dicas.

Grave vídeos desses testemunhos, registre imagens e desde que tome o cuidado de proteger a privacidade e a intimidade da cliente, divulgue o que for possível a respeito de sua carreira, de seus eventos, suas entrevistas e tudo o mais.

Não caia na armadilha de viver na bolha off-line porque quem não é visto não é lembrado, nem fique dependente apenas de indicações.

Sim, as indicações virão aos montes porque Deus é bondoso e provê êxito aos justos que deram o melhor de si por alguém.

No entanto, insisto que faça a sua parte, que seja ativa nas divulgações e nas vendas (indicação é venda passiva). No fim, você vai descobrir que a própria divulgação de seu trabalho também funciona como um poderoso recurso para gerar autoridade.

Por último, um exemplo claro sobre "o que" compartilhar: nossa consultoria conta com dezenas de etapas e posso exemplificar. Por outro lado, se eu usasse a nossa obra para dizer **como funciona na prática** cada uma delas, seria uma inverdade porque cada cliente é um universo despadronizado, mas posso revelar os passos básicos:

entrevista inicial – roda da imagem – monitoramento – análise investigativa – análise de biótipo – análise de coloração pessoal e personalizada – análise de closet 1 – análise de estilo – visagismo – visagismo na prática – pesquisa de shopper – personal shopper – entrega de dossiê – produção de imagem – acompanhamento

A relação desses recursos de metodologia representa a base, o alicerce adaptável de nosso trabalho. Cada uma dessas etapas determina o sucesso da consultoria, mas nunca tratamos uma cliente da mesma maneira que a outra, de modo que algumas podem passar até mesmo por outras análises e técnicas, a depender de três fatores: a) a realidade que vivem; b) as experiências de ontem que influenciam as escolhas de hoje; c) do que almejam para o seu futuro.

Entendido? Vamos para a terceira.

"Seja autêntica, pois a autenticidade é irmã mais nova da verdade e irmã mais velha da transparência, formando uma família que agrada a Deus." – Cihpuma 14,3

Mostre para a cliente como você trabalha, ofereça detalhes do que farão juntas, evidencie o que cada uma (tanto você quanto ela) terá que fazer sob o ponto de vista do comprometimento e da disciplina.

Seja respeitosa, compreensiva e atenciosa com os medos que ela declarar que têm, crie estratégias personalizadas e mostre, deixe claro que você vai executar esta ou aquela etapa **para ela**, após identificar o que for necessário.

O melhor meio de mostrar o que você faz ou pode fazer é desvendar-se. Observe que tive a coragem de apresentar os meus pontos fracos, de reconhecer que recém-saída da faculdade, foquei apenas no antigo testamento porque era o costume da época, ou de assumir que minha filha um dia cobrou atenção ao entender que eu vinha me dedicando ao trabalho excessivamente. Fiz tudo isso e desnudei partes de minha vida para mostrar o valor da autenticidade que carrego comigo. Quem me acompanha no Instagram ou em outros espaços sabe: eu sou assim, falo de forma simples e direta o que penso e sinto, e me proponho a revelar os erros e acertos que cometi na vida, para que você possa se inspirar e acertar mais.

Ainda sobre a importância da autenticidade, permita-me abrir um pouquinho mais o baú das minhas memórias: muitas vezes, quando olhamos para dentro de nós, percebemos que até mesmo o que foi perdido no passado remoto pode se transformar no diferencial do futuro, numa conquista. Quando criança, eu queria fazer balé, o tipo de dança que em minha cidade não era barato e não existia de forma gratuita. Como a família não conseguia pagar, para compensar fui matriculada num curso de flauta que não chamou minha atenção e só muitos anos mais tarde, aos 29 anos, finalmente voltei a dançar. Ao perceber que cada forma de dança pode representar uma personalidade, levei o tema ao universo da consultoria de imagem e às palestras que ministro. Essa analogia foi muito bem acolhida pelo público e a escassez dos tempos de menina me transformou na única consultora de imagem do mundo que aborda os estilos e as personalidades através da arte de dançar. Ou seja, a escassez de ontem se tornou o sucesso de hoje. Percebe como é importante que a consultora tenha a humildade de ser autêntica e revelar quem ela é?

Sugiro que tenha a coragem de apresentar para a cliente os seus pontos fortes e não tenha receio de mostrar o que tem feito para vencer os pontos fracos que já identificou. As pessoas precisam saber que se identificam com você e, para que isso ocorra, é preciso atravessar dois portais; o da verdade e o da humildade, sendo que a guardiã de ambos é a autenticidade.

Finalizo e convido você a seguir comigo para a quarta.

> "Vivemos em uma sociedade acolhedora, capaz de abrir espaço e absorver a todos que trabalham sob a máxima qualidade, mas é necessário oferecer a prova social desta suposta eficiência." – Cihpuma 14,4

Peça autorização para as clientes transformadas, compartilhe depoimentos, use as mídias digitais como uma vitrine que comprova suas conquistas, seu êxito. Usando autenticidade e verdade para compartilhar exatamente o que disseram do seu trabalho, "empacote" o *feedback* em diversos formatos de embalagem. Afinal de contas, o *feedback* é um presente e o que você faz quando vai embrulhar um presente? Embala de várias formas, correto? Às vezes usa saquinhos, sacolas, caixas personalizadas, etc.

De igual modo, recebeu textos? Faça uma apresentação e transforme em imagens e vídeos ou vice-versa, transformando vídeos em texto.

— Ah, Jhanne, como faço isso? – perguntou em certa ocasião uma de minhas alunas.

— Em breve vou escrever a bíblia da consultora de imagem e compartilharei alguns *feedbacks* que recebi em vídeo, para que você veja na prática.

Certamente, ao ler esse trecho, a aluna que perguntou vai se lembrar.

Nossa preciosa aluna Yara Lisboa encaminhou um vídeo que serve como prova social do serviço que eu entrego em minha missão que considero preciosa. Disse ela:

"Tive um aprendizado com Jhanne e sua equipe maravilhosa, passando por uma mentoria on-line que me serviu como um aprendizado incrível e excepcional, pois consegui superar a desafiadora meta e conquistar duas clientes durante a formação. As bênçãos que estão nas mãos dela são liberadas para nós a todo tempo e creiam: a palavra de Deus está sendo ministrada através da vida dela".

Um detalhe interessante sobre Yara foi o seu empenho para superar-se, pois em nossa formação incentivamos e mostramos o caminho prático para a aluna conquistar um cliente ali mesmo, durante a formação. Yara foi além e conseguiu dois. Essa estratégia que adotamos visa permitir que a nossa nova consultora consiga também remunerar-se enquanto aprende conosco, o que torna seu investimento em conhecimento mais viável e financeiramente confortável. Assim como ela conseguiu, desde que tenha o mesmo esforço e comprometimento, pode ter certeza: você também conseguirá!

Yara não é uma exceção, um caso isolado. Já tivemos alunas que bateram o recorde histórico e conquistaram até quatro clientes enquanto passavam por nossa formação. Como se pode observar, desde que faça sua parte, a aluna finaliza nossa formação e ingressa no mercado para vencer como profissional da consultoria de imagem porque a metodologia que ela recebe não é fruto de meras teorias, mas um agrupamento de informações, práticas inovadoras, técnicas e caminhos para encontrar o sucesso na profissão, baseadas em conteúdo assertivo, testado e aprovado.

Sugiro ainda que você visite nossas mídias digitais, particularmente o Instagram, e confira os depoimentos de várias consultoras de imagem que a exemplo de Yara, se encontraram (autoconhecimento) e conquistaram também o seu lugar, o seu espaço, a sua oportunidade para atuar no mercado da consultoria, dar o melhor de si, transformar vidas e consagrar a própria carreira.

Chegamos à quinta e última orientação "versiculada" da Cihpuma.

> "Entenda quem é sua cliente, conheça os seus valores, as dores, alegrias, o passado, o presente e o futuro que ela deseja ter. Antes disso, nenhum passo deve ser dado na consultoria ou você estará num voo cego." – Cihpuma 14,5

Em trechos diversos de nossa humilde bíblia, recomendei que você conhecesse a sua cliente e agora, ofereço a última interpretação dos benefícios de conhecê-la.

A proposta central de uma consultoria de imagem gira em torno do autoconhecimento que propomos e isso há de ter ficado bastante evidente ao longo das páginas que trouxeram você até aqui. Então, reflitamos.

Como a consultora de imagem poderia propor à cliente que fizesse um mergulho no autoconhecimento, se no início da consultoria ela pulou essa etapa?

Aprofundando a reflexão, levemos em conta outra possibilidade.

Digamos que a C.I. tenha cumprido essa etapa de conhecê-la, mas achou que seria irrelevante perder tempo avaliando as escolhas do passado dessa cliente. Em vez disso, sob o pretexto de ganhar tempo, a C.I. já foi logo saltando para a etapa seguinte.

Será que o trabalho dessa consultora terminará com resultados transformadores?

Na Epístola aos Gálatas, precisamente 6:9, há uma menção bem forte sobre isso: [... e não nos cansemos de fazer o bem, pois no tempo próprio colheremos, se não desanimarmos].

A consultora que se recusa a conhecer a cliente e direciona esforços apenas para as ações metodológicas da consultoria, cedo ou tarde não se firmará no segmento, não conseguirá gerar autoridade, nem terá como influenciar pessoas e seguidoras, tampouco poderá prosperar.

Exemplificando, durante o tempo em que o mundo viveu uma das suas maiores batalhas invisíveis ao enfrentar o vírus da Covid-19, nunca foi tão necessário conhecer a cliente, ter sua confiança e humanizar o atendimento que durante quase dois anos precisou acontecer de forma remota, on-line.

Compreende agora a vital importância? Sem a conexão total que o atendimento presencial proporciona, só nos resta a conexão da internet e para que a consultoria online seja tão bem-sucedida quanto a presencial, a consultora não tem alternativas a não ser conhecer a cliente.

Sabe por quê?

Na França foi criada a expressão *"rapport"*, bastante utilizada pelos norte-americanos que são pais da programação neurolinguística. Em termos práticos, *rapport* significa sintonia, a capacidade empática de interagir com alguém, de compreender a pessoa e fazer-se compreender com altíssima qualidade comunicacional.

Desenvolver *rapport* ao vivo, "olhos nos olhos" é uma tarefa bem mais simples, gera a sensação de que o diálogo está fluindo tão bem, que a pessoa até se antecipa e adivinha o que vamos dizer em seguida. Isto é, o *rapport* está alto e contínuo. Por outro lado, estabelecer e manter *rapport* via internet é um desafio que foi vencido por nós e pode ser vencido por você, o que leva até a pergunta das perguntas:

De quem é a principal responsabilidade pela máxima eficiência e pelo *rapport* na comunicação? De quem está prestando ou recebendo o serviço?

Se a sua resposta mental foi "da consultora", parabéns, você entendeu todo o contexto de nossa bíblia e está pronta para fazer parte do exército de consultoras que venho formando nos últimos anos, carinhosamente chamado de "consultoras de sucesso".

Espero que a obra tenha ajudado você a transformar vidas e se eu ajudei um pouquinho seja nesse sentido, já me considero recompensada por dedicar tantos dias e noites dando atenção ao livro que está diante de seus olhos. Deu trabalho, saí do meu eixo e voltei (escrever é uma mistura entre desnudar a vida, revisitar dores ou alegrias, e contentar-se com o resultado final). No fim, agora que percebo o resultado de nossa humilde bíblia, sinto que entreguei a você o conteúdo que tocou em meu coração para ser entregue.

Adquiri bastante experiência com mais esse projeto literário. Cumpro a minha missão como autora, entrego 80 Cihpumas sob o formato de versículos para você refletir, e dou mais um passo na jornada profissional. Então, só resta saber do detalhe mais importante: e você, está pronta para aplicar o que aprendeu? Encontrou na obra um conteúdo capaz de ajudar você a transformar vidas? Espero que sim e quero saber de você, quero o seu *feedback*.

Eis o meu e-mail para que faça contato, opine, critique, tire alguma dúvida que porventura meu texto tenha deixado em seu coração de consultora: assessoriajhannepires@gmail.com

Talvez demore um pouquinho por conta dos compromissos e da agenda que deve ser respeitada conforme ensinei a você no trecho sobre gestão do tempo. Mas ainda que leve um tempinho para alcançar a sua mensagem, prometo respondê-la, pois se você teve o carinho de ler o meu conteúdo até o fim e dedicar tempo para enviar um *feedback*, saiba que terei o mesmo carinho para interagirmos.

No início da obra, comentei que a ideia de criar uma bíblia que contribuísse com a carreira da consultora de imagem foi uma inspiração. Você provavelmente se lembra de eu ter dito que senti Deus falando em meu coração, pedindo que preparasse aquilo que eu não tive quando comecei na carreira de C.I.: um guia, uma bíblia, um manual, uma espécie de peregrinação que abordasse e harmonizasse a relação entre velho e novo testamento das C.I.'s.

Quero deixar uma informação bastante clara em seu coração: essa foi **a minha** inspiração e no seu caso, quando estiver em busca da inspiração que move sua vida, seus negócios e sua carreira, minha sugestão é que abra a Bíblia Sagrada e procure na Palavra a luz que há de iluminar o seu caminho, a sua jornada, o seu futuro profissional e íntimo.

Desejo que as bênçãos divinas acompanhem cada movimento seu, cada passo do roteiro que você há de trilhar e mais ainda: espero que a obra tenha mostrado a você como é fundamental se conhecer por dentro e só depois disso, identificar o que deseja mostrar e externar aos outros em busca da sua verdade. Agindo assim em sua vida e aplicando uma consultoria de imagem com essa visão, saiba que encontrará a prosperidade.

Você, sua imagem, seu futuro e suas conquistas agradecerão se puder fazer hoje por si aquilo que muitos passam a vida inteira sem fazer: primeiro se conheça e, só depois disso, ajude alguém a se conhecer.

Tome posse da certeza de que existe essa congruência, respeite o velho testamento e ajude a transformar o novo testamento em mais novo ainda.

No fim, você certamente será lembrada como a pessoa que fez a diferença no universo da consultoria de imagem do qual todas fazemos parte porque amamos o que fazemos, e fazemos o que amamos.

Lembre-se de refletir com frequência nesta derradeira Cihpuma que, uma vez guardada no coração e refletida em suas ações, há de fazer toda a diferença durante a jornada:

> "Se o que você faz não transforma a vida de alguém, a sua vida também não pode ser transformada." – Cihpuma 14,6

SOMOS UM EXÉRCITO TRANSFORMANDO VIDAS

CONSULTORA SOLDADA

Essa consultora conquista sua primeira cliente de consultoria completa durante a formação, com estratégias ensinadas na mentoria.

Veja este testemunho:

CONSULTORA TENENTE

Fatura 15k ou mais com a consultoria de imagem. Normalmente, esse título é alcançado até dois meses pós formação com a ajuda de parceiros, relacionados ao subnicho definido durante o processo de mentoria.

Veja este testemunho:

CONSULTORA CAPITÃ

Esse título é alcançado até 90 dias pós formação com o faturamento de 30k ou mais, com a ajuda das assistentes anjo e parceiros relacionados ao subnicho definido durante o processo de mentoria.

Veja este testemunho:

"Assim brilhe a luz de vocês diante dos homens, para que vejam as suas boas obras e glorifiquem ao Pai de vocês, que está nos céus." – Mateus 5:16

OS 3 PILARES PARA O SUCESSO PROFISSIONAL:

1. Amor pelo que se faz.
2. Gerar transformação na vida do outro. Isso é propósito.
3. Um bom faturamento.

CONSULTORA DE IMAGEM DE SUCESSO

Uma consultora de imagem trabalha meticulosamente para entender as necessidades, objetivos e estilo de vida de seus clientes, fornecendo soluções personalizadas que abrangem vestuário, comunicação não verbal e etiqueta. Para alcançar o sucesso nesta carreira dinâmica, uma consultora de imagem pode se apoiar em várias ferramentas e estratégias. Essas ferramentas, inclusive, disponibilizo em meu site. Para saber mais, leia o QR code a seguir.